# 平凡人創造的非凡歷史

## 小人物改變歷史的故事

汪志明 ⓩ著

# 目次

# 卷二

## 漢晉時期

### 平凡人創造的天下格局

卷三

# 唐宋時代

## 平凡人見證的盛世與亂世

# 卷四

## 元明清

## 平凡人引發的動亂與變革

# 序言

有心栽花花不發，無心插柳柳成蔭。

本書原是一部講述人類歷史故事的作品，我卻首先要感謝一位昆蟲歌手——知了。對了，牠有一個好聽的官方名字——蟬。

二〇二〇年盛夏的某個夜晚，喧囂了一整天的城市漸漸沉寂，進而像是被關閉了電源一樣，悄無聲息。天上的星河一躍入目，四周寂靜無聲，似乎只聽得見自己的心跳聲。靜謐的自然環境，對於一個非職業錄音工作者來說，無異於上天賜予的專業錄音棚。事實上，人與自然本身就如同人與歷史一樣，無法分割。而自然並非一個虛擬的概念，它是觸手可及的精彩世界，同時，還是我們天然的工作、娛樂場所和門類齊全的糧倉。只可惜，現在已經很少有人對自然的饋贈心懷感恩了。

夜深人靜時，我開始錄製中國古代史相關的錄音節目《偉大的逆襲》，正講到晉國的權臣趙盾逼迫史官董狐篡改自己弒君的史實。在我為趙盾的卑劣行徑感到不齒之時，窗外的一群知了不適時宜地鼓噪了起來。牠們時而獨鳴，時而合奏，高低起伏，抑揚頓挫。

令我哭笑不得的是，我是錄完音進行後期剪輯的時候，才發現這群不速之客的。那期節目，我把狀態調整到最佳，用最真摯的感情去講述，當然不甘心毀於知了的摻和。於是我想，不如就把知了聲當成節目的背景音樂。可是轉念一想，這未免也太不和諧，猶如禪意盡顯的千年古剎中，忽然演繹了一段天籟般高音獨唱或氣勢磅礴的交響樂章。

沒辦法，我只能全部推倒重來。

重新構思後，我臨時決定在講晉國篡改歷史的故事時，將思路延伸到東方的齊魯大地，看一看禮儀之邦的發源地是不是也有這種禮崩樂壞的事情發生。

果然無獨有偶，齊國也發生了臣子弒君的惡性事件。這東邊的崔杼好像和西邊的趙盾約好了一樣，兩人都幹過逼迫史官扭曲事實的行徑。只是齊國的崔杼更甚，竟然一度殺了三個史官，企圖掩蓋自己的罪行。然而，在前仆後繼、秉筆直書的齊國史官記載下，崔杼最終還是被釘在歷史的恥辱柱上。

正是太史們不畏強權，用自己的性命做賭注，最終才為後世留下了確鑿可信的歷史。而他們的故事，千百年來也一直激勵著人們追求事實，堅持真理。其實，相比那些王侯將相、英雄豪傑，我覺得歷史上有太多的小人物值得尊重和記錄。透過延伸晉、齊兩國史官的故事，我又聯想到歷史上很多小人物，諸如信使、謁者、門客、書僮、園丁、石匠、裁縫、刺客、流浪漢的故事，他們或因陰差陽錯或因歷史進程使然，在客觀上不同程度地創造了新歷史，推動了人類文明發展。

始於興趣，終於虔誠，在細細感受歷史的風塵中，最終這些小人物的故事得以成書了。

感謝知了的搗亂，讓我無心插柳，進而延伸出這部作品。或許這就是所謂的蝴蝶效應吧，搧動翅膀的是一隻千里之外的蝴蝶，恰似歷史的發展，往往只是一個默默無聞的小人物的無意之舉，卻使得歷史的巨輪宿命般地轉動起來，裹挾著萬物，緩慢而堅定地滾滾向前。

世間萬物皆有聯繫，猶如緣分，妙不可言。

最後，感謝我的愛人數年來對我的理解與支持，使我能在日益浮躁、喧囂的生活中，始終保持一顆安靜、從容的心，堅持文學創作。同時，也要感謝出版社的編輯老師們，正是你們的精心編校，仔細核查，才幫我這麼一個業餘選手把零散的內容打磨到了出版的標準。你們的專業指導與鼎力支持，讓這本書得以問世，與讀者結緣。再次感謝！

汪志明　二〇二三年十二月二十五日

卷一

# 先秦時期

# 平凡人構築的社會基石

01

# 誰發起了中國最早的「不動產交易」

在遙遠的古代，沒有不動產、房地產的說法，土地是硬通貨，土地的分配往往伴隨著流血犧牲，要麼是征戰搶奪，要麼是立功分封，除此之外，再無他法。而開不動產交易之先河的人，是周朝時期一個名為裘衛的小人物，在他之前，我們根本找不到任何有關土地交易的資訊。

裘衛本人並不是什麼王公貴族，光從名字就可以看出來。裘，指的是動物皮毛，所以裘衛家族所從事的工作基本上和畜牧業脫不開關係。既然他是平民百姓，而平民百姓基本上是沒有機會獲得分封的，那他用來交易的土地是哪裡來的呢？

裘衛自己開闢了一條新路。這條新路，讓人們有了獲得土地的新途徑，他還別出心裁地把這件事刻在鼎上。

夏商周時期，鼎之類的青銅重器是神聖不可侵犯的，是代表等級和權力的禮器。從某種意義上說，鼎象徵著使用者的高貴地位。然而，裘衛卻將不動產交易這件事情，光明正大地刻在鼎上，這在當時是不可想像的。因為平民們不要說使用鼎，就連見到鼎的機率都非常小，更不要說用自己的名義鑄鼎，還刻上銘文了。

裘衛一共鑄造了四個鼎。第一個鼎叫作「衛簋」。「簋」這個字非常生僻，原意是一種盛放食物的青銅器，其實它和我們一般所見的鼎不同，但二者都是禮器和貴族身分地位的象徵，在這裡為了敘述方便，就一律稱為「鼎」了。總之，鼎與簋都與吃飯用的器物有關，如今北京東直門內的餐飲一條街，就叫簋街。

言歸正傳，當時裘衛年少氣盛，心懷抱負，直接到周王室應徵，想謀得一個職位。原本只是抱著試試看的態度，沒想到這一路竟非常順利，最終他通過了王室的複試，得到了「司裘」這個職務。這個職務在當時屬於政府職員，相當於今天的公務員。

參加考試的不只有裘衛一人，一起得到職務的新人們在辦理完王室的入職手續後，得到了天子的召見。畢竟，這群人代表了當時的精英群體，即將為周王室服務，不管是走形式還是真心實意的祝福，周王都要表示一番。

裘衛鑄造的衛簋上就記載了這件事情。因為對於平民百姓來說，得到天子召見肯定是天大的榮譽，裘衛將此事刻在鼎上，表示他非常重視這次的工作機會。

裘衛鑄造的第二個鼎叫作「衛盉」。據鼎上所刻的銘文記載，周共王三年（西元前九二〇年）三月，周天子要在豐邑舉行爯旂（舉旗）典禮。

按照當時的制度，各路諸侯都會參加典禮、朝覲天子。禮儀規定他們必須佩戴瑾璋，身上所穿的服裝也要華美得體。

在這裡，我們必須提到另一個人——矩伯。矩伯是一個沒落的貴族，除了祖上獲封的土地之外，基本上沒有其他財產。但是，朝覲天子的時候，又不能穿得太寒酸，矩伯沒辦法，只能找到裘衛，希望裘衛能夠借幾件比較華麗的衣服給他。有困難時向好朋友張口求助，也算是一條出路。矩伯的這位草根出身的好朋友裘衛表示，自己願意在他困難的時候，有償地拉他一把。

從這件事情上，我們也能夠看到，雖然裘衛只是一個小職員，但是他的職權可不小。裘衛管理的是王室的皮毛生意，那是很多平民可望而不可即的東西。我們甚至可以大膽地猜測，裘衛在私下裡，可能還做著自己的小生意，而且買賣還不錯。

既然矩伯開了口，裘衛自然願意出借，但必須有抵押物，裘衛可不幹賠本的買賣。雙方商量，矩伯用十塊田做為抵押，從裘衛那裡借瑾璋；用三塊田，從裘衛那兒借玉飾和禮服。

除了抵押物，雙方還定下了相應的規矩。如果矩伯沒有按時歸還借來之物，那麼這些田地就永遠抵押給裘衛。

可能有人會問，買賣土地難道不違反周朝的制度嗎？畢竟周朝的法律規定「**溥天之下，莫非王土**」，土地為天子所有，嚴禁私自買賣。然而，在這次矩伯和裘衛的約定中，有兩個非常重要的詞：「永遠」和「抵押」。矩伯的土地永遠抵押給裘衛，並不改變所有權，這就不違反周朝有關土地的制度。這可以理解為，裘衛打了一個漂亮的擦邊球，在違法的邊緣瘋狂試探，沒有露出任何破綻。

裘衛之所以敢借給矩伯這些東西，是因為裘衛知道矩伯除了土地一無所有。如果矩伯違約，那麼他就失去了唯一的財產。即便是土地被矩伯及時贖回，裘衛也不會著急，因為只要天子還要召見諸侯大臣，矩伯就要繼續向自己借華麗的禮服和瑾璋，到了那個時候，矩伯會再次向裘衛抵押自己的土地。

總之一句話，這是一個穩賺不賠的買賣，裘衛占盡了優勢。為了確保萬無一失，裘衛還把這件事情非常詳細地告訴了伯邑父、崇伯、定伯、亮伯、單伯等執政大臣。

於是，在各位大臣的見證下，裘衛和矩伯將所列條件寫得一清二楚，達成了協定。裘衛把禮服和瑾璋借給矩伯，而矩伯的土地也一塊不少地被裘衛收入囊中。事成之後，裘衛製作了青銅器衛盉，希望自己能夠得到老天爺的祝福。

在當時，鼎經常用於祭祀。裘衛希望透過祭祀，把自己和矩伯交易土地的這件事情，稟告早已經去世的父親惠孟。

在西周時期，土地買賣是被絕對禁止的。當時所有的土地都歸天子所有，平民百姓使用土地要繳稅，諸侯也不可以進行土地交易。周天子賜給貴族封地，即便貴族不想要，也不能擅自賣給其他人，而且周天子還有權將土地收回。因此，諸侯們只能一輩子死守著自己的封地。在此期間，肯定有人嘗試過土地交易，但是下場一定都很慘。就在這種背景下，裘衛打了一個漂亮的擦邊球，用一個合法的手段把矩伯的土地收入囊中。

裘衛之所以能辦成大事，正是因為他膽子大，而且聰穎過人。他的想法非常超前，勝過了當時的大部分人。似乎從工匠刻完衛盉上最後一個字的最後一筆起，周王朝就開始走下坡路，而裘衛家族則開始發展壯大。

周共王五年（西元前九一八年），裘衛奉天子命，建設「二川」工程。也就是說，裘衛開始承包土建工程了。既然是土建工程，必定會涉及拆遷問題。這次，裘衛碰到了對手，拆遷對象是貴族邦君厲。經過數輪斡旋溝通，裘衛提出條件，用自己的五塊田對換邦君厲的四塊田，邦君厲同意了。工程隨即破土動工，進行得十分順利。裘衛此舉其實並不虧，如果能夠按時完成工程，那麼他所得到的獎賞遠超過所付出的田產價值，這當然合算。

眼看裘衛利用工程要一步登天，邦君厲心裡不平衡了。於是他當即反悔，開始組織社會閒散人員鬧事，導致裘衛的大工程不得不暫時停工。裘衛該怎麼辦？他面前有三個選擇。

下策是組織現場施工人員，和那些鬧事的人硬碰硬；中策是和邦君厲再次談判，再給他一點好處；上策是找周天子出面，主持公道。

裘衛多聰明啊，不到萬不得已，他能選擇下策和中策嗎？上策才是他的首選。

於是，裘衛向周天子和眾多大臣申訴，他說：「你們得主持公道，否則這工作做不下去了。如果天下的貴族們都不守信用，那我們大周王朝的社會根基也會受到傷害。」這一下就拉高了一件小事的危害程度，王室立刻派人傳證、核對，邦君厲很快承認了確有此事。

執政大臣隨後做出裁決：雙方此前簽訂的協定是有效的，應該按照協定執行，邦君厲必須遵守協議上的條款，不能再次違約，如果再次違約，就會受到嚴厲的處罰。這大概是中國歷史上能追溯到的最早的地契。畢竟，這個協議經過了天子和眾大臣的認可，效力已經與地契十分相近。

裘衛鑄造的第三個鼎——「五祀衛鼎」，記錄了這件事。

在古代，如果你買了一塊地，就可以直接在土地上建房子。因此，地契還兼有房產證的功能。在更遠古的時候，我們的祖先剛剛學會使用工具，住在山洞中，過著茹毛飲血的生活。他們沒有所謂的「房產」概念，更沒有貨幣的概念，當然也就沒有土地交易的說法。所以說，從華夏文明出現開始，一直到裘衛進行土地交易的這一刻，其間數千年，沒有一個人進行過土地交易。裘衛開創了先河。

從另一個角度看，周王室支持裘衛，並嚴厲警告了王室貴族，表示裘衛這幾年的職業生涯已經在某種程度上得到了上司和同事的認可，可見裘衛也是一位人際關係學的大師。

裘衛出身不好，自己的家族和王室沒有任何關係，完全憑藉一人之力，利用多年經營的人際關係打敗了王室貴族。這對他來說稱得上是輝煌成績，所以他把這件事情刻在鼎上。

裘衛鑄造的第四個鼎——「九年衛鼎」上記載的事情，更說明了裘衛不是一般人。鼎上銘文一共豎排十九行，一百九十五字，記錄了裘衛和矩伯的另一次交易，這一次裘衛得到的更多。

周共王九年（西元前九一四年）正月，周天子在駒宮以盛大的禮儀接見眉敖（微國國君）派來的使者。矩伯再一次為了自己的顏面而向裘衛開口，求借一輛豪車及車上的裝飾品。為了讓自己的夫人顯得不那麼寒酸，矩伯又借了幾件漂亮的禮服和飾物。當然，抵押物是必需的。這次的抵押物是一大片林地，條件和上次一樣，如果不按時歸還，林地就永久抵押給裘衛。有了上次交易的成功經驗，這次交易也在雙方和諧歡樂的氣氛中順利完成。

裘衛一生中的大事幾乎都刻在青銅器上，他希望用這種方式來永久記錄下自己的奮鬥史。到了今天，這些刻在青銅器上的歷史事件，成了歷史學家研究西周社會、政治、文化、經濟的史料。裘衛的本意只是希望自己的後代能永遠牢記祖上的功績，沒想到幾千年後，裘衛家族早已不復存在，但後人仍然能透過青銅器上的銘文，瞭解他的一生。

在中華文明五千年的歷史長河中，像裘衛這樣留下零星紀錄的人不計其數，如今都成了寶貴的文化財富。

02

# 兩千年前就有「共和」時代

「共和」，這聽起來是一個很新的詞，好像要到近代才會出現的樣子。其實不然，很久以前，這個詞就出現在歷史上了。而這都是因為一大群不知姓名的普通人掀起了一場暴動，逼得天子逃出國都。

這一大群平民的人數到底是多少？沒有任何一部史料上有詳細的記載。但是，按照今天的標準來看，沒有幾萬人組團合力，是做不成這件大事的。這群人的身分都是農民，其中可能還摻雜了極少數的商人、匠人等，在當時可將他們統稱為「庶人」。封建社會中，農民是數量最龐大的族群，是整個社會的基石。可惜的是，周王朝沒有一寸土地是屬於他們的，田野、山川、河流、森林似乎都被打上了貴族的標記。

貴族們一生無須耕種，卻能占有無窮財富，還擁有徵收賦稅的權力。所謂賦稅，就是農民耕地需繳納的租金。因為土地不屬於農民，農民想要種地活命，就必須向土地的所有者繳納租金。土地的所有者只管收稅，不管實際收成。如果遇上風調雨順還好，農民一年辛苦到頭，還能給自己留下一些糧食；一旦遇上大災之年，田裡就可能顆粒無收。

無論風調雨順還是大災之年，租金都是要繳的。農民想要活下去，只能接受這套規則，至於收成就看天命了。為了便於管理和種植，朝廷用縱橫交錯的道路和管道，把土地分割成方塊，因為形狀和「井」字相似，所以這種制度也叫作「井田制」。周王朝的「周」字，原本指的就是農田。那時的「周」字是這麼寫的：四個方格裡各有一個點，方格表示界限分明的農田，點就代表田裡種滿了的莊稼。後來又在下面加一個口字，表示國家政令所出。最後經過不斷演化，「周」字才變成了今天這個樣子。

在井田制下，農民除了繳納稅賦之外，還要為貴族做其他體力活，而且得不到任何報酬，這種壓迫的專業名詞叫「力役」。比如，國家要修建一些大型工程，類似運河、道路等，就需要農民無償勞動。換句話說，你給我免費做勞力，最後的功勞都是我的。面對這種情況，農民無力反抗，只能遵從。久而久之，貴族為了自己的私心，增加了很多力役，名目繁多。

即便這樣，普通老百姓依然不會反抗。因為一旦離開這片土地，他們就會餓死，唯有依靠從貴族手中租來的土地，才能養家餬口。

但是，人的底線再低，也是有限度的。在西周周厲王的統治下，老百姓實在活不下去了，只剩下反抗這一條道路。當時，周王朝經常動用武力來維護王室的威嚴。不論在哪個年代，只要採用軍事行動，就會勞民傷財。周王朝看似富裕，但國庫不足以支付軍費，還是要向百姓要錢。如此一來，社會底層的老百姓就很為難了：一年下來，能夠不餓死就已經是萬幸了，哪來多餘的錢供王室剝削？

老百姓拿不出錢，周厲王不但不體恤他們的艱難，反而繼續橫徵暴斂，在榮夷公的教唆下，他竟然頒布了一個所謂的「專利法」。這條法律的核心思想是，天下的資源都是周王朝的，百姓使用自然資源都必須向周王朝繳稅。換句話說，百姓眼中所能見到的一切，飛禽走獸、山川河流，都是周王朝的。不管百姓想要捕獵、砍柴，還是想去種田，只要你能想得到的人類活動，都必須繳稅。百姓唯一能免費做的事情，可能就是吹西北風、曬太陽了。

雖然這是周朝王室下發的命令，但老百姓實際上是在貴族的土地上勞動，直接向老百姓收稅的是貴族。周厲王此舉，只是為了讓老百姓跳過向貴族繳稅的這個中間環節，如此周王室將直接獲得更多的賦稅。

本地貴族世世代代享受著榮華富貴，早就習慣了奢華的生活。如今周天子突然搶走了一大半賦稅，等於減少了他們財富的來源，他們當然不會同意。這些貴族平時可能還聽周天子的命令，一旦涉及真金白銀的利益問題，他們的本質就暴露了，開始與王室展開對抗。

此時，周天子的命令已經下發全國，並且在執行了。從政治層面上講，貴族已經輸了一半。面對現實，反抗還需要策略。首先，貴族進行了大量的宣傳工作，從輿論上創造優勢。一時間，天下到處都是反對周厲王的聲音，大有全民起義的陣勢。很快的，天下人民同仇敵愾，周厲王的日子開始不好過了。這時候，一些消息靈通的大臣感覺到不妙，害怕爆發農民起義。

在平時，這些貴族大臣可能並不把農民當作真正的人來看待。但他們心裡清楚，一旦農民聯合在一起，那就是一股不可戰勝的力量。於是，幾位大臣趕緊勸說周厲王，希望他廢除專利法，不然的話可能導致天下大亂。不過，周厲王能頒布令天下人憎恨的專利法，表示他並不是一個明智的人。這一次，他還是很有自信，不認為自己的做法有錯，不僅聽不進大臣的建議，還使出更嚴苛的手段鎮壓反對的聲音。

周厲王為了讓臣民閉嘴，請來大量的巫師，成立了一個類似於明朝錦衣衛的機構，專門控制天下人的言論。一旦發現有人散布不當言論，立刻殺頭。這一招很管用，別看老百姓私下對周厲王怨聲載道，自從有了這個機構，大家一下子變得安靜了。

在這段時間內，全天下的人都不敢輕易開口，生怕說錯話。在路上碰到朋友，也只敢互相對視，不發聲。成語「道路以目」，就是源自這裡。

這件事還產生了一句名言——「防民之口，甚於防川」，足見當時的情況有多嚴重。正所謂不在沉默中爆發，就在沉默中滅亡。活不下去的農民在貴族的煽動下，選擇了爆發。經過三年的發酵，暴動終於發生了。商販、農民、工匠等所有平民百姓，高舉鍋碗瓢盆、磚頭瓦塊衝向王宮，周王室的軍隊根本不願意抵抗，選擇直接放行。

周厲王見他們來勢洶洶，自己無力反抗，立刻離開周王宮出逃，逃到了彘地（今山西省霍州市），才算躲過一劫。「彘」是野豬的意思，根據古代命名的規則，這個地方荒蕪偏僻得只有野豬橫行。

周天子出逃在外，都城裡的朝廷自然也就形同虛設，而他頒布的專利法就此廢除。這次暴動，是平民們利用自己的力量，迫使一個制度被強制廢除。這樣的事件，在中國古代歷史上是非常罕見的。十四年後，周厲王去世，周朝的兩位賢臣周定公和召穆公，把周天子的位子交給了周厲王的兒子姬靜，也就是周宣王。

在沒有天子的十四年裡，人們推舉周定公和召穆公共同管理國家，史稱「共和執政」。庶民們暴動的這一年，就是共和元年——西元前八四一年。從這一年開始，中國的歷史脈絡變得清晰起來，不論是大事小事，都有了相對詳細的年代記載，一直延續到今天。這樣記錄歷史的習慣，讓很多歷史事件到今天依然有史料可查。而在此之前的歷史年代，其實是有一些模糊的，所以我們大多會透過考古證據與文獻記載對照的方法，進行合理推測和判斷。

03

# 「呆若木雞」背後的大師

春秋時期的紀國有一位鬥雞訓練大師，名叫紀渻子。他巧妙地利用自己的本領，讓周天子保護紀國免於齊國的攻擊，使紀國得以延續了將近一個世紀的時間。

當時的紀國大概位於現今的山東省壽光市境內，東臨大海，西邊就是齊國。兩國過去結怨，紀國國君曾在周夷王那裡誣告齊哀公，以至於齊哀公被周夷王用大鼎烹殺而死。

有這樣的仇恨在前，後來齊國的歷代國君似乎都把滅掉紀國當作自己的首要任務。紀國的疆域也不算小，按理說實力應該不弱，但還不足以和齊國抗衡。因此，紀國上下每天都擔心齊國展開報復，連晚上睡覺都不安穩，彷彿稍不留神就會在睡夢中被齊國人斬首。俗話說，死亡並不可怕，可怕的是等待死亡的過程。處於恐懼之中的紀國必須要採取措施，解決眼下來自齊國的威脅。紀國曾經想過和魯國結盟，兩個國家一起對抗齊國，勝算怎麼說也比單打獨鬥大。但魯國也不是強國，想要依靠這個同樣受到齊國欺負的國家，顯然是不可靠的。最保險的方法，也是最無奈的方法，就是求助於周天子。

雖然齊國的綜合實力強大，但是周天子畢竟地位尊貴，齊國怎麼說也得給周天子面子，按照當時的制度，齊國不可能公然違抗周天子的命令，不然會引發諸侯眾怒。可是周天子憑什麼開口幫忙？除非博得了周天子的歡心。

奉承，其實也是一門技術。紀國人決定從周天子的興趣愛好入手，也就是鬥雞。春秋戰國時代，鬥雞屬於全民遊戲，上至周天子，下到平民，皆沉迷其中無法自拔。平民之間的鬥雞遊戲，往往只是在勞作之餘進行的一種娛樂活動而已。貴族之間的鬥雞比賽就不同了，因為貴族不缺錢，他們經常在鬥雞身上下注，這就讓鬥雞遊戲變成了一種賭博。

鬥雞時，貴族都聚在一起，給一些有心人士創造了一個私下結交的機會。有野心的臣子借此聚在一起，商量謀權事宜。魯國就曾因為鬥雞而引發了巨大的政局動盪，國君被一群聚眾鬥雞的「玩家們」打跑了。可以說，這是貴族騎在雞背上，用雞代替戰馬，趕跑了魯昭公。

當時的天子是周宣王，他喜好四處征戰，自然對鬥雞這種遊戲愛得不能自拔。要是打仗，可能需要幾個月甚至幾年才能分出勝負。而鬥雞在短時間內就能夠鬥出勝者，這讓周宣王獲得了感官刺激。雖然周宣王養了很多鬥雞，但戰鬥力都不怎麼樣，這讓周宣王心情鬱悶。這鬥雞要是一直輸，那還玩什麼？

紀國人打聽到這個消息，立刻感覺機會來了。紀國的鬥雞大師紀渻子，馬不停蹄地來到周天子身邊，開始為周天子訓練鬥雞。全紀國的希望，都寄託在這位訓雞大師的身上了。

沒過多長時間，周天子就迫不及待地召見了紀渻子，詢問訓練的情況。

紀渻子回答：「訓練還不夠，這群鬥雞最近總是顯露高傲的神態，甚至還有些盛氣凌人，這是內心空虛的表現。」

周宣王聽罷，立刻明白了情況。鬥雞的這種情況，是心浮氣躁的表現，看來還沒訓練到家。

過了一段時間，周宣王又召見紀渻子詢問鬥雞的訓練情況。

紀渻子回答：「眼下的這群鬥雞，只要聽到其他雞的叫聲，或者看到其他雞的影子，就會出現極大的反應，這表示牠們很容易受到外界影響，內心不夠強大。」

聽到紀渻子如此說，周宣王只能繼續推遲鬥雞比賽。

又過了一段時間，周宣王的耐心消磨殆盡，他甚至覺得自己被紀渻子耍了。忍無可忍的周宣王下令把紀渻子抓進宮殿，當面質問他到底是怎麼回事。

沒想到，紀渻子沒等周宣王質問，就先開口了：「現在的訓練已經到了關鍵的階段了，這群雞目光敏銳，鬥志昂揚，但是心中卻充滿了怒氣。」

周宣王聽不進理由，直接問道：「你就說我的鬥雞到底能不能參戰？」

紀渻子斬釘截鐵地說：「不行！」

周宣王大怒，罵道：「你都訓練了那麼長時間，每問你一次，你都給我一堆的理由，到現在還說不能參戰，到底什麼意思？」

紀渻子說：「您的鬥雞，雖然整體素質很不錯，但是距離真正的雞中大將還有一段距離。這一段距離是最難克服的。」

周宣王威脅要殺了紀渻子，可是紀渻子依然很堅持：「大王就是殺了我，您的鬥雞也贏不了。我依然反對讓您的鬥雞去參戰。」

好傢伙，死到臨頭還理論個沒完。周宣王怒極反笑，打算索性再信他一次，於是放了紀渻子，又給他一次機會。

十天後，周宣王不想再聽紀渻子講理論了，帶著一群人直接衝進訓雞場，逼迫紀渻子交出鬥雞，否則就要他的腦袋搬家。這一次，紀渻子終於同意讓鬥雞參賽。

周宣王反而不放心了，紀渻子為了安撫周宣王，解釋道：「現在的鬥雞，就像木頭雕成的一樣，即便是面對一群對手，也不會害怕。而別的雞看到牠，都要繞著牠走，甚至都不敢看牠。」

周宣王一聽，這麼長時間沒白等啊，終於有收穫了。於是，周宣王便迫不及待地舉辦了鬥雞比賽，他想要看看這鬥雞大師訓練出來的雞到底有多強大。

鬥雞比賽開始了，那些普通的鬥雞，看到紀渻子訓練出來的鬥雞，果然都繞道迴避。有幾隻膽子大一點的雞，和這隻王牌鬥雞交了手，但沒幾個回合就敗下陣來，倉皇而逃。

紀渻子訓練的，不僅僅是鬥雞的戰鬥本領，還有鬥雞的內心鬥志。長期的訓練讓鬥雞達到了一種獨特的境界，牠外表看起來木訥遲緩，實際上內心剛毅悍勇。在今天，我們形容一個人癡傻呆愣，經常會用「呆若木雞」這個成語，這個成語就出自紀渻子訓鬥雞的典故。其實，「呆若木雞」本來是指一個人大智若愚，而不是癡傻，只是在後來逐漸改變了本義。

不管怎麼說，紀國的計謀奏效了。周宣王玩得開心，自然更加看重紀渻子，連帶著紀國也得到了周宣王的庇護。周宣王在位的四十六年間，紀國風平浪靜，齊國不敢輕易對其動手。

但人總有壽終之時，周宣王去世後，紀國便失去了靠山，生死存亡只能靠自己。偏偏紀國一直是個力量薄弱的小國，沒能力發展壯大，而齊國的歷代國君都沒有忘記齊國和紀國之間的仇恨。西元前六九〇年，齊國發兵徹底消滅了紀國，完成復仇。

如果沒有紀渻子這個有一技之長的小人物，可能紀國會早滅亡幾十年。他憑一己之力，保護了自己的國家。當然，也不能忘記故事中的另一位功臣——鬥雞。按今天的眼光看，雞這種動物起碼該成為紀國的吉祥物，不然還真對不起雞對紀國的貢獻。

# 04 平民軍事家

春秋戰國時代的齊國是一個實力強勁的大國，它的鄰居魯國在與齊國當鄰居的幾百年間，沒少吃苦頭。齊國動不動就與魯國開戰，魯國不像齊國那樣國力雄厚，能在戰後迅速恢復，而是需要幾十年的時間才能逐漸恢復國力，這讓魯國的百姓苦不堪言。

當時「禮崩樂壞」，列國之間紛爭不斷，誇張一點來說，它們就像一群精力充沛的鬥士，動不動就要「約架」。齊桓公當上春秋五霸之一後，又打算和魯國打一仗。根據當時的戰爭禮儀，齊國先給魯國送去一份交戰書。上面明確寫著，我們齊國要在西元前六八四年的春天，到長勺這個地方擺開陣型。你們做好準備，我們打一架。

此時的齊桓公，可以說是整個春秋時期的霸主，他根本想不到自己會栽在一個小人物的手上。

執掌魯國的是魯莊公，他看到齊桓公送來的戰書，一時不知道該怎麼辦才好。無論貴族還是士大夫，都對如何解除戰爭危機毫無頭緒。

戰書已下，這一戰已無法避免，此時要做的就是拿出一個勝算比較高的作戰方案。如果此戰失敗，魯國必定損失慘重，甚至遭受滅國之災，實為危急存亡之秋也。

就在這個關鍵時刻，一個名叫曹劌的農民，主動來到魯莊公身邊，希望自己能夠對這件關乎魯國危急存亡的大事，發表一點看法。

當時的等級觀念非常強，曹劌的很多農民朋友都勸說他不要去，這些大事自有大人物來解決，我們平頭百姓，還是老老實實做我們的農民吧。可是曹劌卻說：「這些大人物平時養尊處優，好像滿腹經綸，但實際上有很多都是目光短淺的人，指望他們來定奪國家大事，那國家一定是沒有希望的。我們老百姓也會跟著遭殃。」

曹劌堅持要見魯莊公，獨自一人來到王宮。

魯莊公聽說有人來獻計，也顧不得曹劌的身分是農民還是貴族，立刻召見，詢問策略。

曹劌還沒等到心急的魯莊公開口發問，反而先說話了：「您準備要靠什麼來戰勝齊軍呢？」

魯莊公說：「我平時很大方，對所有人都很好，好東西也都會和大家一起分享。」

「這些都是小恩惠，光靠這個可不行。」

「我對祖先和神靈都非常尊敬，按時祭祀，每次祭祀的時候都擺放很多貢品。」

「這個充其量只能說你對神鬼講信用，但那些神鬼不一定也能守信來幫助。」

雖然曹劌出身低微，還對魯莊公信奉的祖先出言不遜，但他的言辭很有道理。

於是，魯莊公繼續說：「大大小小的案件，我可能做不到每一件都明察秋毫，但是我一定追求公開、公正、公平。」

這一回答令曹劌滿意了，他說：「這一點的確很重要。您能夠想到百姓的疾苦，就一定能得民心。得民心者得天下，看來魯國還是有希望的，那麼我們也是有勝算的，所以請您出戰的時候一定要帶著我。」

魯莊公問道：「你到底有什麼高招？」

曹劌笑了，他知道魯莊公對他還不夠信任，便說：「戰場上一定要見機行事，所以我們兩個坐在同一輛戰車上，到時候我一定讓您滿意。」

魯莊公只好答應。

很快的，齊魯兩國約定的「打架」時間到了，雙方來到指定地點，準備開戰。

齊國的大將鮑叔牙認為在這場戰鬥中，齊國必勝無疑，對面的魯國不論從哪一方面看都比不上齊國。於是，齊國軍隊準備妥當之後，鮑叔牙立即命令大軍行動，擂鼓進軍。魯莊公本來就心裡沒底，看到齊國大軍殺過來了，就想命令軍隊衝鋒，抵擋齊國的進攻。曹劌馬上攔住魯莊公，並讓魯莊公下令，讓軍隊不要輕舉妄動。

齊國大軍越來越近，已經殺到眼皮底下了。魯莊公的心臟都快要跳出來了，但是他答應了要聽曹劌的話，只能讓軍隊暫時原地不動。齊國軍隊看到魯國軍隊沒動靜，於是退了回去，沒過一會兒，戰鼓又起，齊國軍隊再一次衝鋒。曹劌繼續讓軍隊在原地不動，齊國軍隊見對方還不動，只能又退回去。

不得不說，當時打仗還是很講規矩、懂禮儀的。就像中世紀的歐洲戰場一樣，雙方站成一排，一起開槍，至於誰中槍倒地，完全聽天由命。春秋時期的戰爭需要雙方都擺好陣型，相互衝鋒，所以魯國軍隊不動，齊國軍隊也不好直接攻擊，以免落下一個偷襲的惡名聲。

鮑叔牙見魯國軍隊沒動靜，認為他們沒有膽量交戰，於是揚揚自得地讓軍隊繼續衝鋒，打算嚇破他們的膽。齊國士兵的想法應該和鮑叔牙一樣，認為魯國是膽小怕事。所以第三次衝鋒時，齊國軍隊已經沒有了鬥志。他們認為衝鋒僅僅是為了嚇唬魯國，沒打算進行戰鬥。

沒想到，這次魯國應戰了。就在齊國軍隊無精打采之時，魯國軍隊全軍出擊，如狼似虎，像一把利劍，徑直插入齊國軍隊。齊軍根本沒想到魯國有膽量反擊，所以沒有做任何準備。一時間齊軍內部大亂，倉皇而逃。

這下子，魯莊公可高興了，本以為魯國沒有勝算，結果卻打了一次勝仗，這必須要乘勝追擊，擴大戰果啊。他剛想下令，曹劌又一次站出來了：「您先別著急，讓我觀察判斷一下。」曹劌在戰車上望瞭望齊國的潰軍，又下車看了看地面，充滿信心地告訴魯莊公，是追擊的時候了。

結果可想而知，魯國軍隊大獲全勝，齊軍大敗。而這一戰就是歷史上著名的「長勺之戰」。戰後，魯莊公的腦子裡全是問號：曹劌到底是怎麼做到的，能讓這弱國軍隊戰勝強國軍隊？此時，曹劌說出了一句名言：「夫戰，勇氣也。一鼓作氣，再而衰，三而竭。彼竭我盈，故克之。」意思就是，打仗靠的是士氣，齊軍第一次擂鼓進軍，齊國軍隊士氣高漲；齊軍第二次擂鼓進軍，齊國軍隊的士氣就大不如前了；等到第三次擂鼓進軍，齊國軍隊已經沒有多少士氣。齊軍三鼓之後，士氣大落，而我方士兵卻士氣高漲。這時候，我們一鼓作氣地殺過去，當然會贏。

這個故事，就是成語「一鼓作氣」的由來。魯莊公腦子裡的問號依然很多：「那我想要追擊的時候，你為什麼阻止我呢？還有，你那個時候上上下下地在看什麼呢？」

曹劌耐心解釋道：「齊國是個大國，我們必須謹慎對待。我擔心齊國退走是在用計謀引誘我們，所以不敢讓軍隊追擊。然而，我看到他們的軍旗東倒西歪，車轍一片混亂。這時候我才確定，齊國真的是全線潰敗，所以陣線很亂，我才敢讓您追擊。」魯莊公恍然大悟，他開心得不得了，連聲稱讚。

一向喜歡攻擊鄰國的齊國，終於遭遇了大敗。魯莊公能夠以弱勝強，主要是因為魯莊公為人和善，面對曹劌這樣的平民也能夠耐心聽取意見。這樣的國君，必得人心。其次，曹劌的確是一個聰明人。他知道什麼時候該進軍，什麼時候該按兵不動，以及什麼時候該主動追擊，時機把握得剛剛好，就連很多帶兵打仗的將軍，也未必能在戰術的運用上做到如此爐火純青。

也許很多人都會覺得在今天看來，齊國軍隊的行為讓人難以接受。明明是一個強國打一個弱國，勝負早就決定，卻偏偏打輸了。齊軍衝過去，見魯國軍隊沒動又退回來。退回來幹什麼？直接衝過去，魯國軍隊的陣線或許就徹底亂套了，到那個時候，被追擊的就不是齊軍，而是魯軍了。結果，齊軍看魯國軍隊沒動，竟然衝鋒兩次，退回來兩次，不得不說這是鮑叔牙指揮上的失誤。

曹劌一直懷疑齊國詐敗，實則設有埋伏，其實這種想法是多餘的。齊軍作為一個強國來攻擊魯國，根本就沒想過自己會失敗，更不會設一個局等魯國軍隊來鑽。在齊軍的想法中，這就是一場有贏無輸的戰鬥，沒必要搞那些小計謀。從某種意義上說，曹劌多心了。

當初曹劌見到魯莊公，一開口就問他準備靠什麼贏得戰鬥。而魯莊公的一番話也的確很有道理，魯莊公待人和善，體貼士兵，並且認為祖先會保佑自己和魯國。

曹劌卻認為，這些都不行，靠這些只能等著挨打。因為曹劌看出來，在魯莊公心中，這場戰鬥還是常規的「禮樂」制度中的戰鬥，但是曹劌要打的，是一場創新性的戰鬥。

按照當時的戰爭禮儀，齊軍衝鋒後，魯國軍隊是不應該按兵不動的。可能當時齊軍也沒想那麼多，單純覺得魯莊公耳朵不好，沒聽到齊軍的吶喊聲，於是多次衝鋒。就好比雙方約架，人家都挑釁了，並且氣勢洶洶地走到你面前，按照劇情發展，你應該忍不住出拳和人家打起來。結果你還是不動，這就有點奇怪了。

再看看後來的情況，齊軍潰敗逃跑，魯莊公立刻就想追過去。為什麼魯莊公這麼著急？因為按照當時的戰爭禮儀，如果對方逃跑，並且已經離自己五十步以外，就不能再追了，再追就是違反遊戲規則。顯然，曹劌可不在乎這個。

曹劌在確認齊軍真的被嚇退，沒有埋伏，才讓魯莊公下令追擊。這時候，齊軍早就跑到五十步之外了。齊軍可能還想，「這群魯國人怎麼還追啊！這不符合遊戲規則吧？」最後的結果是，魯國軍隊追出了三十多里。

打個不太恰當的比喻。雙方來約架，說好了不帶武器，說好了我認輸你就別追。結果我空手而來，你手拿棒球棒，追著我打了幾公里。你的確贏了，圍觀的人們看你不遵守遊戲規則而取勝，於是紛紛效仿你，也不再遵守遊戲規則。就這樣，戰爭禮儀蕩然無存，這也是禮崩樂壞的一種表現。

但不得不說，這場仗還是很精彩的。曹劌作為一個農民軍事指揮家，成功地讓史官把他的名字寫入史書，而歷史似乎也因為有像他這樣的人引發的無數小故事，而變得更加豐富多彩。

05

# 白髮「弼馬溫」退秦軍

大家都知道，《西遊記》裡的孫悟空曾經在天庭裡當過一個小官——弼馬溫，這個職位是負責養馬的。要不是孫悟空有大鬧天宮的真本事，沒有人會注意到這類籍籍無名的小官。然而，小官的行列裡也有厲害的人。今天我們不說神話，講真實的史料，早在春秋戰國時代，就有一位「弼馬溫」憑藉自己的力量拯救了國家。這個人就是燭之武。

春秋戰國時代，秦國是地處西部的國家，但它的野心非常大，一心想向東部擴張。然而，在秦國的東方有一個實力相當強大的晉國，擋住了秦國向東發展的步伐。對秦國來講，和晉國直接開戰顯然是不合算的，因為不一定能打得過，所以只能先和晉國搞好關係，找到機會後再竊取土地。

為了和晉國交好，秦國可是下足了功夫，不斷與晉國締結婚姻，例如，秦穆公就把自己的女兒嫁給了晉文公，從而誕生了流傳至今的成語「秦晉之好」。有了這一層關係，晉國經常拉著秦國一起處理一些國家之間的事務。

晉文公剛繼位，就向老丈人發出邀請，希望秦國和晉國一起出兵，參與周王室的天子爭奪戰。秦國和晉國的實力都很強，有了他們的幫助，周襄王成功打敗了試圖奪權的兄弟及其同黨。周襄王為了表示感謝，就答應把弟弟姬帶過去的封地都賞給晉國，對秦國卻隻字未提。

至於原因，當然是因為晉國是本家，也姓姬，一家人好說話，秦國是外姓，便無關緊要了。秦國的士兵最後得到了晉文公賞賜的錢財，但這並不是秦國想要的，因為秦國的最終目的是要擴張本國的土地。

當天晚上，秦國的幾位大將就開始勸秦穆公，他們說，您這女婿太不夠意思了，我們秦國為他衝鋒陷陣，結果就給了點錢打發士兵。周天子也太偏心了，什麼也沒給我們。一場仗打下來，我們幾乎什麼也沒得到，您那女婿卻什麼都有了。我們乾脆直接發兵晉國，討回我們應得的土地。

秦穆公到底是一國之君，在頒布任何一道命令前都必須再三斟酌。為了秦國的未來，秦穆公很明智地選擇了隱忍。

西元前六三〇年，晉國再次發出邀請，希望秦國一起出兵鄭國。當年晉文公在外流亡時，衛國、曹國、鄭國等幾個諸侯國對他不屑一顧，多番羞辱。他們萬萬沒想到晉文公能當上國君，其中衛國和曹國在城濮之戰中，已經遭到了晉文公的報復。

現在，輪到鄭國了。

從地理位置上看，鄭國被楚國和晉國夾在中間，兩個強國只要心情不好，就會拿鄭國開刀。楚國和晉國在七、八年間，分別攻打了鄭國七、八次。

當然，為了師出有名，晉國指責鄭國不遵守約定，依附楚國。秦國考慮之後，認為只要答應晉國出兵，就有了進軍中原的合理理由，得到土地的機會也就更大了。所以，秦國決定再冒險一次。

秦穆公再次親征，發兵鄭國。晉國和秦國的軍隊會合，勢如破竹，直逼鄭國都城。眼看鄭國危在旦夕，國君在宮中急得如熱鍋上的螞蟻。他把大臣都叫到一起，希望大家想想辦法，否則國家就要滅亡了。

這個時候，一個大夫提出了建議，說是有一個叫燭之武的人，聰穎過人，如果讓他去跟秦國人談判，說不定能出現轉機。燭之武是一個小老頭，大半輩子都在養馬。這樣一個弼馬溫，怎麼能說退秦國的千軍萬馬呢？但鄭文公已經別無選擇，不管燭之武有沒有這個能力，都要讓他試試看。

燭之武被傳來覲見鄭文公，他先是發表了自己的不滿：「我年輕時就沒什麼作為，現在都老得頭腦退化了，卻突然把這麼重要的任務交給我，我肯定難以勝任。」

鄭文公便一個勁兒地道歉，還指責朝中的大臣有眼無珠，沒有早點發現和重用人才。最後，鄭文公說：「如果鄭國滅亡了，對你也沒什麼好處。」

燭之武一輩子鬱鬱不得志，早就已經淪為平民。鄭國滅亡，說實話還真和燭之武沒什麼關係。本來他就是一個養馬的，地位再怎麼降低，也就這樣了。但是，鄭文公就不一樣了，如果國家亡了，他就成了亡國之君，有被殺的風險。

鄭文公如此說，只不過是為了讓燭之武覺得，今天他拯救的並不是鄭文公一人，而是整個鄭國的百姓，增強他的使命感。燭之武很聰明，看穿了鄭文公的小心思。一輩子不給個一官半職，現在國家有難了，你才來找我，若換作旁人，肯定不幹。但是，燭之武並沒有和鄭文公一般見識，答應了這件事。

夜半時分，燭之武坐著吊籃從城牆上降落在地，來到秦軍的營地。他一路上大聲號哭，連秦穆公都被他弄醒了。秦穆公出帳一看，只見一位步履蹣跚的老者，佝僂著身子一步步向自己走來，顫顫巍巍，彷彿下一步就要跌倒在地。

燭之武成功見到秦穆公，也就收起了自己的演技，仔細打量著在座的所有人。

秦穆公很好奇，於是先問燭之武：「我們這裡是秦軍營地，老先生來這裡幹什麼？你這深更半夜的哭什麼呢？」

燭之武開門見山地說：「我哭的是秦國，而不是即將滅亡的鄭國。」

秦穆公嚇了一跳。如今千軍萬馬把鄭國都城圍了個水泄不通，鄭國的滅亡可能就在旦夕之間。你卻說不為鄭國哭泣，反倒為秦國而哭？

秦穆公馬上問：「你跟我說說理由，如果你說不出來，我立刻下令殺了你。」

燭之武擦了擦臉上的眼淚，帶著哭腔說：「您說您作為晉國國君的老丈人，幫了晉國那麼多次，秦國得到了什麼呢？要兵沒兵，要土地沒土地。晉國東征西戰，除掉了所有的對手，遲早要對秦國下手的。到那個時候，您的女婿可就不認您這個老丈人了。」這段話直擊秦穆公的內心。

早在出兵之前，秦穆公就一直在思考這個問題。秦國幫了晉國多次，也多次進軍中原，但是沒有得到一寸土地。這與秦國的戰略目標相悖。況且，就算鄭國滅亡，晉國把一部分鄭國土地分給秦國，對於秦國來說也不是什麼好事。因為晉、鄭兩國接壤，但秦國和鄭國相距甚遠，秦國也沒辦法直接管理分到的土地。

總之一句話，秦國這麼多年來的努力，包括今天圍攻鄭國在內，都是徒勞的。燭之武給秦穆公提出一個解決辦法。秦國不是想在日後進軍東方嗎？那就應該保留鄭國，將來把鄭國當作中轉站，補給糧草輜重，方便秦軍在東方作戰，而不是滅亡鄭國，給競爭對手擴大勢力。

秦穆公再三斟酌，他覺得眼前這個小老頭說得的確有些道理，於是改變了主意，將矛頭直指晉軍。如此一來，晉國軍隊就沒辦法在短時間內攻破鄭國都城，只能作罷退兵。

但是，晉國軍隊也不是白白退兵的，臨走前還留下了一些條件。晉國要求把此時正在晉國做官的鄭國公子蘭立為鄭國太子。這樣一來，日後晉國就可以透過他來控制鄭國。雖然有秦軍的幫助，但鄭國為了盡快結束戰爭，答應了晉國的條件。

這一回秦軍到底虧不虧呢？當然不虧。秦軍幫助鄭國守住了國土，保住了都城，相當於在東方有了第一個根據地。這對於秦國進軍東方的戰略來說，是一個實質性的進展。

小人物又一次改變了歷史。燭之武憑藉自己的談判技巧，說服了秦穆公，讓鄭國免於滅國之災。因為燭之武能分析出秦國想要什麼，需要什麼，並在恰當的時候給秦國謀畫前景，說服效果當然立竿見影。

# 06 牛販子也有報國心

歷史上存在許多由於普通人不經意之間做出的改變，影響了歷史走向的事件，只不過，我們很容易忽略這些小人物，誤以為歷史走向都是由大人物決定的。

如上一篇說過的，秦國為了進軍中原，全力保住了鄭國都城，將其作為東進的一個根據地。原本秦國視晉國為東進的最大障礙，為了繞過這個強敵，秦國可謂是費盡了心思。秦穆公不僅把女兒嫁給了晉文公，還讓秦國跟著晉國出兵攻打了許多小國。但是效果卻不盡如人意，秦國並沒有得到多少土地。秦穆公有些等不及了，打算跳過晉國，直取鄭國，打下東方的第一塊根據地。

至於晉國，肯定要報復秦國的倒戈相向。兩國之間遲早會有一場惡戰。

而眼下，如果秦國不早日行動，擴充自己的實力，可能就會被晉國永遠堵在西方邊陲。西元前六二七年，秦國大軍兩萬多人，戰車三百乘，浩浩蕩蕩開向了鄭國。

在行軍的路上，秦國大軍經過周王室的國都。於是，秦軍在洛陽城外把戰鼓敲得震天響，彷彿在向周王室耀武揚威，炫耀秦軍的強大。

其實，秦國和周天子的關係還是很不錯的，想當年秦穆公和晉文公曾一起幫助周襄王登上王位。有這層關係在，秦國和東周王室怎麼說也算是盟友。結果這一次，秦軍以大搖大擺之姿經過洛陽城，讓城內的貴族很氣憤。你來我家門口秀拳頭，這是什麼意思？明擺著有取而代之的想法。或許，二十一年後楚莊王問鼎中原之舉，就是從這件事情得到了靈感。

秦軍的目的是偷襲，本該在一個月內到達鄭國。如此一來，即便鄭國人在邊境發現了秦軍，也來不及通風報信，組織防禦。戰爭動員是需要金錢和時間的，顯然，鄭國沒有短時間內動員大軍的實力。

然而，秦軍卻在行軍上花費了兩個月的時間，這已經不屬於偷襲了。結果就是，行軍途中出了一個小插曲。

就在秦軍浩浩蕩蕩開往鄭國的時候，一個叫蹇他的人看到了秦軍的隊伍。

後來，蹇他遇到了老朋友弦高。弦高是個鄭國人，是個牛販子。老朋友見面難免要喝點酒，酒過三巡，蹇他開始吹牛，說自己看到了秦國的軍隊開向鄭國，就快到鄭國都城了。

弦高一聽到這些話，立刻酒就醒了。國家即將面臨滅頂之災，自己怎麼還能繼續安心喝酒？於是，他立刻吩咐人馬回國報信，自己則牽了幾十頭牛，坐著牛車追趕秦軍去了。

要說這個弦高也真是膽大。西元前六二六年正月，弦高追上了秦軍，並假冒是鄭國的使者，要見一見秦軍主將。

秦軍將領百里視（史稱孟明視）、白乙丙接見了弦高。其實，這時候兩位將軍的心裡也沒底，鄭國既然知道秦軍的動向，不僅不派兵迎戰，還派人送來肥牛，這是什麼意思？

主將百里視是秦國名相百里奚的兒子，腦子轉得很快。他向弦高索要國書，如果弦高沒有，就證明他是冒充的，也就證明秦軍的動向還沒有被鄭國掌握。

弦高立刻就想出了對策。他說：「秦國大軍都出來這麼長時間了，聲勢浩大，不僅我們鄭國，天下諸國都已經知道了，就算我拿著國書請求你們退兵，你們也會陷入進退兩難的尷尬境地。所以，我們送你們幾十頭肥牛犒勞軍士，你們就趕緊回去，也算得了戰利品，我們就這麼和解吧！」

弦高作為一個普通商人，面對全副武裝的軍隊，竟能面不改色地撒謊，也實在是個人物。

百里視居然信以為真，於是他收下肥牛，送走了弦高。

事實擺在面前，弦高的出現，表明秦軍的動向已經被鄭國掌握，那麼此次的偷襲行動就已經失敗了。如果百里視繼續攻打鄭國，那他就是個大傻子。但此時，他幹了另一件傻事——攻打滑國。

滑國是晉國的附屬國，實力非常弱。百里視趁著天黑，不費吹灰之力便攻破了滑國都城，將滑國的金銀珠寶拉上了秦國的輜重馬車，一共裝了三百車的珠寶，才返回秦國。

附屬國被滅，晉國肯定要討回顏面。晉襄公立刻找人商討，中軍元帥先軫先表態：「我們先君去世，如今秦國趁著國喪，攻打我們的附屬國，這種行為實在是太可恨了，秦晉之好已然不復存在。」

言下之意，晉國必須攻打秦國。

後來，在崤函古道的戰場上，晉軍占據了絕對優勢，把兩萬多名秦軍屠殺殆盡。原本是秦軍製造了鄭國的危機，就因為弦高，反而讓秦軍遭受了重創，使鄭國得以保全。將近四百年後，秦國的白起帶著軍隊在上黨地區和趙國打了一仗，坑殺了四十萬名投降的趙軍。這個白起，就是白乙丙的後代。

如果追根溯源，趙國就是從晉國分離出來的。從某種意義上說，趙國人就是晉國人的後代。長平之戰，算得上是白起給自己的祖先報了仇。

弦高和他的幾十頭肥牛看似不起眼，卻對當時的局勢產生了很大的影響。如果沒有弦高，秦國軍隊可能就會直取鄭國都城，改寫歷史的走向。

07

# 清明節是為了紀念誰

現今的節日，有很多是為了紀念一些歷史人物而誕生的。比如清明節和寒食節，就是為了紀念一個小人物介之推（又名介子推）。

介之推是何許人也？這就要先介紹一位歷史人物——晉文公重耳。他在做公子的時候，被繼母驪姬陷害，而後他的父親晉獻公想要殺死他。晉獻公死後，重耳的弟弟當上了國君，也想除掉他。全家人都追殺自己，晉國根本沒辦法待了。於是，重耳帶著幾個隨從，開始了長達十九年的流亡生活。介之推就是重耳的隨行人員之一。

既然是逃亡，那麼生活肯定好不到哪裡去。一行人先來到曹國，曹國國君倒是很客氣，為他們準備了一些食物。但是，這位國君很八卦，聽說重耳長得奇特，是駢肋

（註：指肋骨密排相連，宛如一骨），他的好奇心就上來了，非要把重耳扒光了看看到底是不是真的。

我們都知道，人的肋骨是一條一條排布的，哪裡有平整的？可是曹國國君興趣惡俗，堅持要看。那個時候的人們都很保守，讓貴族裸露身體示人，簡直是一種羞辱。被偷看後，重耳羞怒，離曹國而去。

後來，幾個人又到了衛國，實在餓得不行了，就向路邊一個老農討要一口吃的。老農看這群人衣衫襤褸，渾身髒兮兮的，也不像什麼好人，不僅不想給食物，還抓了一把土讓重耳吃。重耳好歹是個貴族，卻被平民羞辱，便起了殺心，但實在是沒有力氣，加上忠心的趙衰勸阻，只好作罷。現在都快餓死了，他哪裡還顧得上尊嚴？

無奈之時，介之推悄悄從自己大腿上割下一塊肉，煮了肉湯，給重耳送過去。重耳已經餓昏了頭，看到介之推端著肉湯過來，什麼也沒問，拿過來就吃了。吃完後，他看到介之推的大腿已經被鮮血染紅，這才知道原來自己吃的是人肉。這就是「割股奉君」的故事。雖然重耳是個在逃人員，但他畢竟是貴族，他向介之推保證，只要他還能回去當國君，一定會報答介之推。

事實證明，重耳做到了。在秦穆公的幫助下，重耳成功回到晉國，當上了晉文公。而曾經陪著重耳一起流亡的人也都跟著發達了，其中最出名的就是趙衰。可能沒幾個人知道趙衰，但是如果說趙氏孤兒，那你肯定聽說過。趙氏孤兒就是趙衰的曾孫子。

按理說，介之推割了自己的肉給重耳吃，才保住了重耳一條命，他的功勞應該最大。當晉文公想要重重賞賜介之推的時候，他卻告老還鄉了。他說重耳能當國君是天命所歸，自己不敢居功。

晉文公認為這樣太對不起介之推了，於是馬上派人去接他，結果卻都無功而返。晉文公來了脾氣，索性親自去找介之推，沒想到，介之推家的大門緊閉，原來他早就帶著母親上了綿山。於是晉文公就讓御林軍去找，但還是沒能找到。

這個時候，晉文公做出了一個讓人很迷惑的決定：放火燒山。你不是不下來受賞嗎？那我用火逼你下來。

這些事在今天看起來不免有些荒唐，一個不願意接受賞賜，一個非要給賞賜，你不接受，我就燒山。最終的結果是，晉文公只在山上找到了兩具屍體。看著眼前這兩具被燒焦的屍體，他淚如雨下。

介之推不能白死，晉文公覺得自己必須做點什麼。於是，他將綿山改名為「介山」，在山上建立祠堂，並把這一天定為寒食節，要求全國的人在寒食節這天都要禁煙火，只吃冷食，以此紀念介之推。

為了留下紀念，晉文公還帶走了一段被燒焦的柳木，並用它做了一雙木屐。每次看到這雙木屐，他就想起介之推，並且感嘆著：「悲哉足下。」後來，「足下」成了古人表達尊敬的稱呼。

第二年，晉文公又帶著所有大臣來到介山祭祀。當時，介之推和老母親是在一棵老柳樹下死去的，如今，這棵柳樹已經抽出新芽。晉文公給這棵柳樹賜名為「清明柳」，把寒食節的第二天定為清明節。

如今，到了清明節時，我們會去親人的墳前，向已故的親人們訴說哀思，正如當年晉文公懷念介之推一般。同一份感情，延續了千年。

08

# 史官的職業素養

這一篇說六個小人物的故事，雖然這六人來自不同的諸侯國，但他們的職業是相同的——史官。

史官的地位其實不高，卻肩負一項重要的任務，負責將帝王將相身上所發生的事情如實記錄下來。如果沒有史官這個群體，今天的我們可能就不會瞭解那麼多豐富多彩的歷史故事了。

首先來說一說晉國的事。

晉國的權臣趙盾指使自己的堂弟趙穿殺死了晉靈公。這裡的趙盾，就是著名的趙氏孤兒的爺爺。趙盾之所以讓自己的堂弟動手，就是因為不想讓自己背上千古罵名。弒君，無論在哪個朝代都是非常嚴重的罪行。

因此，趙盾打算趁新國君繼位時，精心操作一番，從而銷毀這段紀錄。按照當時的制度，先君是如何去世的，新國君是如何繼位的，這些事都關乎國家的前途，所以必須一字不落地寫在史冊中。當時負責記錄的史官名叫董狐。

董狐心裡很明白，趙盾不想背負罵名，一定會叫自己篡改歷史。此時，趙盾是晉國的實際掌權者，如果自己不聽他的話，只有死路一條。然而，董狐是一個非常正直的人，並不懼怕趙盾的權勢，他把寫好的史冊遞給趙盾。趙盾一看就傻了眼，上面赫然寫著：「秋七月乙丑，趙盾於桃園，弒其君。」時間、地點、人物、行為，寫得清清楚楚、明明白白。趙盾犯下了弒君之罪。

趙盾對這件事情可不敢馬虎，於是他先客氣地問董狐：「您是不是寫錯了？先君被殺的時候，我並不在場。先君被殺之後我才回來，您怎麼能說我弒君呢？」

董狐據實說：「趙盾你身為宰輔，沒能力治理朝政，導致朝中矛盾升級，而後亂成了一鍋粥，這肯定是你的能力問題。再說，當時你在外面故意不回來，就是等著事態惡化。現在你回來了又裝老好人，對殺先君的趙穿視而不見，只想蒙混過關，那你肯定有問題。這表示你就是幕後黑手。」

董狐的這些話，論點論據清晰，讓趙盾啞口無言。

趙盾不再爭辯，只能試圖用軟話打動董狐：「您看我也沒直接參與這件事，您就放我一馬，在史書中稍微改改吧。」

董狐不為所動，堅持自己的做法。趙盾雖然惱怒，卻不敢亂殺史官，只能長嘆一聲，認下了這件事。

董狐心裡怕嗎？他肯定害怕。趙盾連國君都殺了，也不會在乎多殺一個史官。但他身為史官，就應該如實記錄，後來的成語「董狐直筆」正是出自這個典故。

類似的故事也在齊國發生過。這次的事件中有五個史官，其中四個沒有名字，我們只能按照伯、仲、叔、季來稱呼，也就是老大、老二、老三、老四。

齊國的國君齊後莊公，風流好色，整天尋花問柳，無法無天。不可理喻的是，齊後莊公經常到大臣崔杼的家中，和崔杼的老婆偷情，而且是大搖大擺地去，生怕別人不知道似的。

有一次，齊後莊公看上了崔杼放在家裡的一頂帽子，就在偷情後順手把它拿走了，後來竟還把它當作禮物送給別人。

崔杼可是朝中的權臣，地位高貴，受人尊敬，如今受到這般羞辱，心裡怎能不盤算著如何報復？於是，崔杼提前設好了埋伏，等齊後莊公再次來到他家中，齊後莊公剛進門，埋伏好的士兵們就把他按住殺死，讓他變成了風流鬼。

還是老規矩，老國君怎麼死的，新國君怎麼繼位的，都要一五一十地寫在史冊中，每一個細節都不能落下。崔杼和趙盾一樣，也不想背負罵名，便趕緊找到史官太史伯，商量能不能修改史冊上的紀錄。

崔杼認為自己是占理的，所以先開口說：「齊後莊公是個昏君，如今被我殺死，他是死有餘辜。你就這麼寫，就說他是得了病死的，這樣一來我們兩個都能相安無事。」言外之意很清楚，按照我說的做，否則你也沒好果子吃。結果，太史伯不慌不忙地寫下了幾個字。崔杼拿過來一看，差點氣得吐血。上面寫著：「夏五月乙亥，崔杼弒其君光。」

崔杼一氣之下殺了太史伯。

當時的史官是一個可繼承的職位，所以太史伯死後，太史伯的二弟太史仲就成了史官。崔杼還是那些話，「你哥不聽我的，結果腦袋搬家。你就直接寫國君是暴斃而死，這樣我們都好過。」不是一家人不進一家門，這一家子都有傲骨，只見太史仲寫道：「夏五月乙亥，崔杼弒其君光。」

崔杼話不多說，手起刀落，人頭落地。

三弟太史叔成了史官，崔杼又來了。他直接告訴三弟太史叔，「你都看到你哥哥們的下場了，看著辦吧。」

三弟太史叔傲然依舊，說：「我一個史官，如實記錄是職業操守，我就這麼寫，你也看著辦。」

太史叔也為此喪命，四弟太史季接替史官職位，他見到崔杼，索性脖子一伸：「直接砍吧，我是不會修改紀錄的。」

崔杼心想，這得殺到什麼時候啊？算了，你走吧。

另外一個史官南史氏，聽說多位史官都被殺了，趕緊跑來看看老四有沒有事。隨後，南史氏親眼看到老四將事實寫在史冊上，這才放心地走了。

於是，史書上便保留了這段記載：「靈王二十四年，齊崔杼弒其君莊公。」

在此，我們不得不佩服太史伯一家人。這四兄弟為了真實地記錄事實，付出了血的代價。

當時史官的風骨，是現今的普通人很難理解的。但正是因為有了這一群史官，才讓我們今天看到的史書在相當程度上客觀可信。雖然難免存在一些主觀塗改之處，但從整體上看，史官們依然發揮了非常大的作用。換句話說，如果沒有這些小人物的誓死捍衛，那我們今天所看到的歷史紀錄可能就不是真實的歷史，而是被前人篡改後寫出來的歷史小說。

09

# 端魚的刺客

春秋戰國時代，有一種職業叫作刺客，其中最著名的有四位：荊軻、聶政、要離和專諸。在這四位之中，荊軻的名氣最大，因為荊軻刺殺的是秦始皇，他因刺殺對象的名聲大而沾了光。另外三位，雖然也都刺殺了王公貴族，對當時的格局產生了深遠的影響，但知道他們的人並不多。

今天，我們就來講講專諸的故事。

吳越爭霸，勾踐臥薪嚐膽的故事廣為人知，然而在那之前，吳國曾出現過內部爭權的鬥爭。當時在位的是吳王僚，是吳王夫差父親的堂兄弟，在他繼位後的第十二年，楚國的楚平王去世了，但死前沒有安排好繼承人，導致楚國政壇亂了套。吳王僚覺得機不可失，就想趁機攻打楚國。

為了贏得勝利，吳王僚拿出了所有財力、軍力，一路殺到楚國。楚國接連丟失了兩座城池，這才有所反應，開始積極防禦。

別看楚國現在亂成一鍋粥，但作為一個大國，其實力不可小覷。楚國軍隊在第一時間截斷了吳軍回國的路，讓吳軍孤懸國外，無法撤退，只能在前線慢慢消耗。

吳王僚為了打這場仗，派出了所有軍隊，國內武裝力量一片空白，自己簡直成了一個裸奔的光桿司令。他的政敵要是在這個時候對付他，成功的可能性是很大的。

伍子胥和公子光就是他的政敵。伍子胥原是楚國人，從楚國一路逃到吳國，被公子光收留，公子光也就是後來的吳王闔閭。這兩人見局勢對自己有利，打算抓住這個千載難逢的政變機會。

於是，暗殺計畫就這樣產生了。

我們的主角——專諸就此登場。能在歷史上留下名字的刺客，他們的下場基本上都不會太好。原因一想便知，都名揚全國了，不被追殺才怪。當然，既然選擇刺客這門營生，就表示早已視死如歸。即便刺殺成功，刺客本人也很難活著回來。對於刺客來說，最首要的目標是完成刺殺任務，至於自己的生命，在接下任務的時候，就不屬於自己了。

這麼危險的職業，怎麼會有人願意做呢？按照今天的說法，沒有長期的心理建設，專諸是不可能接受這個任務的。

可能伍子胥早就在未雨綢繆了，他對門客的培養可謂下足了功夫。當時，伍子胥到處託關係打聽，就為了找一位俠客，就這樣找到了專諸。為了測試專諸的能力和性格，伍子胥特別留意專諸的行為。

有一天，伍子胥在大街上看到專諸正和一群流氓打架。專諸很瘦小，但力氣很大，身手俐落地打倒了幾個小無賴，自己卻毫髮無損。

伍子胥心中讚許，這個專諸正是他要找的人才。但是接下來的一幕，卻讓伍子胥吃了一驚。剛剛還意氣風發的專諸，被自己風風火火趕來的老婆罵了個狗血淋頭。專諸就像一個犯了錯的小孩，乖乖地跟老婆回家了。

沒想到，他在外人面前是個好漢，在家裡卻是個妻管嚴。這種人，到底能不能成大事呢？

伍子胥實在是想把專諸納入門下，於是厚著臉皮去他家裡，想把事情問個明白。專諸一聽伍子胥是為了這件事情而來，就笑了，說：「我要是真的跟我老婆打架，她能打得過我？我對老婆是尊敬，能尊敬老婆的人，肯定能成大事。」

伍子胥認為他說得有理。當然，專諸也可能是為自己的妻管嚴找理由。但是不管怎麼樣，這個人他相中了。

於是，伍子胥和公子光帶著金銀財寶來到專諸的家中，想將他納入門下。兩人把好話都說盡了，專諸才勉強答應。就這樣，專諸成了公子光的門客。門客是什麼？就是主人好吃好喝地供著你們家的所有人，但是到了需要的時候，你得給主人辦點事。

公子光每天都好吃好喝地供著專諸一家，曾經他們窮得揭不開鍋，現在卻過著貴族般的生活。專諸當然不是傻子，他知道這些都不是白給的，到了公子光要用到他的時候，他必須頂上去，哪怕是獻出自己的生命。

過了一段時間，專諸主動找到公子光，提出要報答他。公子光也就把刺殺吳王僚的計畫告訴了專諸。

無論專諸答應與否，他都得付出生命的代價。

既然左右都是死，那就在死之前做一點有價值的事，也算是報答公子光的恩情。畢竟在那個年代，能夠吃飽穿暖已經很不容易了，更何況是保障全家人過著上等生活。

公子光見專諸答應了，就開始著手準備。他先送出一份拜帖，邀請吳王僚過來喝酒。吳王僚的母親提醒他，說這頓飯恐怕凶多吉少，他們沒安好心，你就別去了。

但在吳王僚看來，公子光這個堂兄弟是一個不敢幹大事的人。就算他真的有什麼心思，也不敢付諸行動，於是就放心地去赴約了。

吳王僚畢竟是一國之君，出了王宮到外面喝酒，保全工作必須做足。宴會大廳外排滿了士兵。在宴會現場，每個廚師都要被搜身，然後被士兵用刀劍架著向前走。只要有一點風吹草動，這群全副武裝的士兵會第一時間動手。

然而，吳王僚不知道，危險不在外面，而在內部。

公子光先和吳王僚攀交情、聊天，一切都顯得很正常。中途，公子光假裝自己喝多了，以「足疾」為藉口退了出去。到了外面，事先安排好的人立刻保護公子光進了挖好的地洞。然後公子光吩咐專諸，告訴他可以上場了。

專諸打扮成僕人的模樣，手裡端著烤好的魚，一步步來到了吳王僚身邊。吳王僚早就放鬆了警惕，對不起眼的專諸並無戒心。說時遲那時快，專諸端著魚走到吳王僚的面前，忽然從魚肚子中掏出一把匕首——也就是後來傳說中的魚腸劍，刺向了吳王僚。吳王僚還沒有反應過來，就遇刺身亡了。周圍的衛士趕緊手拿武器，一擁而上，把專諸給剁了。公子光與伍子胥則帶領大批全副武裝的衛隊，火速除掉了吳王僚的衛士，控制住局面。

隨後，公子光召集群臣，宣布自己成為吳國的國君，也就是吳王闔閭。上位後的公子光沒有辜負專諸的犧牲，立刻封專諸的兒子專毅為上卿，並且厚葬了早就被剁成肉泥的專諸。

專諸在公子光心中的地位是怎樣的呢？這個很難說。在公子光心中，專諸可能只是一枚棋子，一件工具。但毫無疑問的是，專諸的這一劍，徹底改變了吳國的未來。

吳王闔閭重用伍子胥、孫武等人，讓吳國在短時間內成了一個崛起的強國。

# 10 自薦的毛遂做了什麼大事

戰國七雄之一的趙國，在西元前二二二年被秦國所滅。然而，在三十七年前，趙國就經歷過一次滅國危機。之所以能夠續命三十七年，完全歸功於一個小小的門客——毛遂。

沒錯，就是「毛遂自薦」的那個毛遂。

當時的背景是這樣的，秦國從始至終都夢想著東進，每一代國君都在積極備戰，不斷擴大秦國的疆域。經過幾代國君的努力，秦國的綜合實力已經超過了其他國家，只差一個挺進中原的機會。因此，秦國開始頻繁襲擾其他國家。

這一次，秦國又準備蠶食趙國，發兵進攻。秦軍經過多年的實戰，早就成為一支王牌軍隊，一路勢如破竹，所向披靡，殺到了趙國都城邯鄲城下。

雖然趙國是戰國七雄之一，但在此前的長平之戰中損失了幾十萬士兵，國力大不如前，抵抗秦軍實在是有心無力。無奈之下，趙孝成王請平原君趙勝向楚國求救，希望楚國能在這個關鍵時刻拉自己一把。

趙孝成王為什麼把如此大任交給趙勝？首先，趙勝是趙國丞相，位高權重；其次，趙勝是趙孝成王的叔叔，兩人是一家子。

趙勝作為一國丞相，手下足足有三千多門客。門客是做什麼的？平時，主人好吃好喝地養著他們，等到了關鍵時刻，他們就要為主人賣命。

春秋戰國時代的刺客，往往都是某個大人物的門客。要是這三千門客都能成為刺客，絕對是一股可怕的力量。但是，趙勝不可能對每個門客都精心挑選，而人一多，自然有些雞鳴狗盜、三教九流之徒混雜其中。遺憾的是，趙勝家的門客裡混吃混喝的庸人比例很大，精英門客比例很小。

所謂精英門客，就是有一技之長，該耍嘴皮子時你不能輸，該與人動手的時候你也不能閒著，必要時刻你還得替主人擋一刀。

三千門客就是一個巨大的人才庫。趙勝一個一個考察，一個一個找，好不容易才找出十九個精英門客，連二十個人都湊不齊。趙勝不禁感嘆道：「可惜我養了這麼多門客，天天花大錢供著他們，現在到了緊要關頭，連二十個人都選不出來，真是白養了這幫人啊。」

這時，坐在末位的一個門客，站起來說：「您看我充個數怎麼樣？」

他剛說完這句話，那群互相推諉的門客一個個都伸長了脖子，想看看是誰膽子這麼大。大家一看見說話的人，就發出一陣唏噓。

趙勝很感興趣，想見識見識這位站出來的勇士。來人自報家門，說自己叫毛遂，在這兒當門客已經三年了。

趙勝仔細打量，不對啊，這個人非常面生。他不禁問道：「你在我這兒住了三年，我怎麼沒見過你？」

毛遂答道：「我就像個錐子一樣，你今天才發現我，非我所願，要是你早點把我帶在身邊，我早就嶄露頭角了。」

趙勝一聽，小夥子的嘴皮子耍得挺好，他也沒生氣，就把毛遂選為隊伍中的第二十人。

很快的，趙勝帶著這二十人到達楚國的新國都。為什麼是新國都？這是因為秦國強大後，到處征戰，把楚國打得屢次遷都。楚國也沒辦法，只能不斷退讓。

楚國被秦國欺負怕了，不論趙勝等人怎麼勸說，楚考烈王就是不同意一起聯合對抗秦國，還抬出了一堆理由。總之就是一句話：秦國的實力是老大，我是惹不起的，只想躲個清靜。

楚考烈王不是不想復仇，而是實在沒有聯合抗秦的膽量。猶豫間，楚考烈王來回踱步，不知該如何決斷，一副很為難的樣子。此刻，就需要一個人站出來推他一把，讓楚考烈王下定決心。

於是，毛遂再次站了出來，他拿著寶劍衝上臺階，嘴裡還大聲嚷嚷：「同意就聯合，不同意就算了，從早上談到中午還不肯做決定，真以為是聊家常呢？」

楚考烈王吃了一驚，連忙問這個人是誰。

趙勝解釋道：「這是我的門客，毛遂。」

一聽他只是個門客，楚考烈王生氣了。他吼道：「我還以為是哪個了不起的大人物，原來只是個小小的門客。我們商量的是國家大事，你懂什麼？」

毛遂倒是很勇敢，他不顧楚考烈王的怒火，徑直往前走了好幾步，說：「秦國現在已經無法無天，抵抗秦國不只是楚國的國家大事，而是天下共同的大事，人人有責。我這叫多管閒事嗎？」

楚考烈王看他手裡還拿著寶劍，生怕他來刺殺自己，於是語氣就緩和下來，問毛遂有什麼想法。

毛遂的個人演講會開始了。「想想以前的楚國，多麼威風，五千多里的疆土，一百多萬的軍隊，絕對是個超級大國。從楚莊王時期到現在，楚國一直都在強國之列。結果現在呢？遠在西方的秦國剛發展起來幾年，楚國就被人家打得落花流水，楚懷王還亡於秦國，這不是你們楚國的恥辱嗎？你們曾經的國都又在哪裡？被秦國逼到了這步田地，你們嚥得下這口氣嗎？你以為我家主人平原君今天來找你，單單是為了趙國的命運嗎？現在不聯合抗秦，等趙國被滅後，秦國想要滅你們楚國就更容易了，那時候還會有誰來救楚國呢？」

毛遂的這一番話，讓楚考烈王羞愧難當。因為他說的都是事實，秦國僅僅用了幾十年時間就發展成了超級大國，把楚國逼得沒有退路。毛遂的演講有論點，有論據，每一句都讓楚考烈王無法反駁，就像一把錐子，深深扎進了楚考烈王的心中。

見楚考烈王有些動搖，毛遂又補上一句：「大王，您決定了嗎？」

楚考烈王滿臉通紅，他作為一國之君，卻只想苟且偷安，置楚國的未來於不顧，實在是無地自容。他怒吼道：「決定了！」

毛遂見自己的話起了作用，立刻讓人拿來雞血、狗血、馬血，準備歃血為盟。這是當時結盟的必要儀式，天子、諸侯結盟時，喝的是牛血、馬血；王爺、大夫們結盟，喝的是狗血、豬血；老百姓和底層的小官吏們結盟，只能喝雞血。

毛遂見機行事，把盛著動物血液的銅盤端到楚考烈王身邊，讓楚考烈王當合縱抗秦的縱約長，請他先歃血。

坐在下面的一群門客早已目瞪口呆，他們沒想到這位名不見經傳的小人物，竟然有如此的爆發力、感染力。

在回趙國的路上，趙勝對毛遂大加讚賞，一直說自己有眼無珠，沒早點發現這樣的人才。

此後，毛遂成了趙勝的座上賓。

毛遂深知楚考烈王並非真的不想聯合對抗秦國，因為秦國早已成為楚國最大的敵人，只是他滿腦子想的都是如何保全自己，讓楚國續命，以至於極端保守。殊不知，在當時的情況下，弱小的國家只有聯合在一起才能夠對抗秦國，不然只能被秦國一個一個消滅。因此，毛遂充分表達了趙勝此次前來的目的是為了楚國，而不僅僅是為了趙國的國運，讓楚考烈王如夢初醒：一味地妥協是不行的，只有採取行動才能讓楚國繼續存活。

至於毛遂本人，他之所以有勇氣、有膽量推薦自己，也是受到了當時「士為知己者死」道德情懷的影響。「毛遂自薦」這個成語，一直沿用到今日。

趙、楚兩國聯合抵抗秦國的成果如何呢？在那之後，魏國也加入其中，一起聯合抗擊秦國。秦軍雖然強大，但終是敵不過三國聯軍，只能退回關中。正是因為這次聯合，趙國多存活了三十七年。可以說，小門客毛遂，將趙國的生命延續了三十七年。

# 11 伴讀的報復

西元前二四五年，趙孝成王去世。這位國君，雖然在位時沒辦過什麼大事，但也算一位合格的統治者，比如在長平之戰後，他採取措施將國家的損失降到最低，穩住了局面。除此之外，他還重用廉頗等大將，增強了趙國的實力。

趙孝成王去世後，趙悼襄王繼位。繼位後的趙悼襄王著手開發一些新策略，比如和老鄰居魏國交好。畢竟兩國國土相鄰，天天打架也沒什麼意思，不如聯合一致，槍口對外。

結果，魏國壓根就沒把趙悼襄王當一回事，拒絕講和。在那個年代，如果沒辦法和平相處，就只有兵戎相見了。諸侯國之間的戰爭，是帶來財富、威嚴、人口，以及話語權的最好方式。當然，前提是打贏。

過去很長一段時間，在趙魏兩國的戰爭中，趙國都占據上風。因為有大將廉頗坐鎮，趙國每次都能取勝，把魏國打得人仰馬翻。可以說，如果廉頗一直這麼打下去，魏國遲早是要滅亡的。

但這一次很不幸，一個地位不高、權力不大，但影響不小的人物出場了，他的名字叫作郭開。

郭開是趙悼襄王小時候的伴讀，用今天的話來說就是從小一起長大的玩伴。憑藉這層關係，郭開成了趙悼襄王的座上賓，好吃好喝地供著。郭開可不是什麼老實人，在趙悼襄王還是太子趙偃的時候，雖然陪著他讀書，但從來沒把心思放在帶太子學習上，反而是調皮搗蛋，教了太子趙偃不少歪門邪道。然而，那些奇技淫巧卻深得太子趙偃的喜歡，畢竟每個孩子都貪玩，對新事物感興趣。兩人長大後還是親密無間，郭開也靠著這份童年情誼，在朝堂上有了一定的話語權，開始對大臣們指手畫腳。

對於郭開這種人，廉頗肯定是不屑一顧的。作為趙國的常勝將軍，廉頗絕不會忍氣吞聲。趙孝成王還在位的時候，一次宴會上，廉頗看著正在胡言亂語的郭開，忍不住當眾斥罵。他說，郭開這個人不學無術，就知道天天拍馬屁，把國家搞得一團糟。總之，廉頗罵得很難聽，連太子趙偃都聽不下去了。在這種場合，郭開沒辦法開口反擊，因為無論身分地位還是軍功政績，他都遠遠比不上廉頗，只能忍氣吞聲。

但郭開顯然不是個大度的人，他把這次的仇默默記在心裡。廉頗也知道自己惹了小人，隨著趙孝成王和藺相如相繼去世，廉頗逐漸產生了沉重的危機感。有人勸他，就這麼一件小事，你有需要擔心這麼多年嗎？

殊不知，在小人的眼裡，再小的事也是大事。你侮辱了我，我就要讓你身敗名裂，就算是國家滅亡了，我也不在乎。所以說，千萬不要得罪小人。君子報仇十年不晚，小人報仇，那是從早到晚。

當廉頗帶領趙國軍隊一路打到魏國境內時，郭開便開始向趙悼襄王打小報告了。

郭開說：「現在外面傳得很厲害，都說廉頗居功自傲，肯定要造反。現在他還帶著兵，萬一他真的戰勝魏國軍隊，那個時候您就無法控制他了。不如現在就罷免他的兵權，這樣我們就安全了。」

趙悼襄王對廉頗的態度是怎樣的呢？要知道，趙悼襄王對廉頗一向沒有什麼好感，或許他從小就對這個總是諄諄教誨自己的老將感到厭煩，又或許廉頗那次公開羞辱郭開，讓他丟了面子，反正這麼多年來，不管廉頗做什麼，都讓趙悼襄王反感。

一個小人和一個昏君，一拍即合，馬上罷免了廉頗的兵權。

為了萬無一失，趙悼襄王還讓樂乘即刻率領三千人馬趕到前線，收回廉頗的兵符，讓樂乘代替廉頗指揮作戰。

廉頗當然很生氣，自己好歹也替趙國打了幾十年的仗了，新國君剛繼位，就收回他的兵權，這不是卸磨殺驢嗎？還有一件事令廉頗生氣，那就是來接替他的樂乘。樂乘原是燕國的將領，後來燕國被趙國打敗，他由此投降到趙國，成了趙國的將軍。

自己的一個手下敗將，反倒代替自己成了軍隊統帥，這讓廉頗如何肯服氣？等到樂乘到了前線以後，廉頗看到他，實在是越想越氣，忍不住暴揍了他一頓。樂乘來的時候只帶了三千人，哪裡是廉頗的對手？只能逃跑。廉頗一看樂乘跑了，才反應過來事情的嚴重性。即便自己沒有謀反之心，肯定也會被朝廷懷疑，於是他也不管趙國的大軍了，獨自跑去魏國。

沒錯，就是他正在進攻的魏國。

魏王也不是傻子，一個交戰多年的敵國將軍，現在來投靠自己，肯定不是誠心的。所以魏王一直沒有重用廉頗。

而沒了廉頗的趙國，軍事實力開始走下坡路。

西元前二四四年，秦國又一次進犯趙國。趙國已經不堪一擊，眼看著秦國軍隊兵臨城下，而趙國上下卻找不出一個能夠帶兵打仗的將領。趙悼襄王這才開始著急，想起了在魏國養老的廉頗。

此時的廉頗已經七、八十歲了。如果按照現今的標準，他早就到了退休的年紀，說不定都走不動了，哪裡還有能力帶兵打仗？

但是趙悼襄王實在沒有別的辦法了，只能抱著試試看的想法，派人去見一見廉頗。

雖然廉頗已經在魏國過著喝茶、看書的退休生活，但畢竟為趙國服務了幾十年，肯定是放不下老東家的，他也一直在關注著趙國的情況。

所以趙國使者剛到，廉頗就明白來意，便在使者面前耍了一套大刀，還叫人煮了一大鍋飯、十來斤肉，風捲殘雲之後，只剩下乾淨的大鍋。老廉頗的意思很明確，國君派使者來考察我，那我也別深藏不露了，你看看我這狀態，既能吃又能打，只要國君一聲令下，我立刻上戰場為國效力。

使者走後，廉頗立刻派人準備盔甲、馬匹，時刻等待著趙國的通知。

結果，三天過去了，五天過去了，一個月過去了，趙國沒有任何動靜。廉頗的入職通知書遲遲沒有來。

問題到底出在哪裡呢？

原來，使者回到趙國，先向趙悼襄王誇了一番老廉頗的飯量，接著又說出這一番話：「廉老將軍吃完飯後，跟我坐了一會兒，其間去茅房如廁了三次。」

正是這句話讓趙悼襄王打消了重新起用廉頗的念頭。他心想：一會兒就跑了三趟茅房，打仗的時候，總不能隨身帶著馬桶吧？廉頗已經老了，還是算了吧。廉頗一心想著繼續為國效力，到頭來卻只留下一個很不光采的傳言——「一飯三遺矢」。

不出所料，這個使者肯定和郭開有聯繫。早在使者離開趙國前，郭開就用幾百兩金子賄賂了他。郭開吩咐，不管廉頗實際狀態怎麼樣，你回來就這麼說。

國家安危和黃金，使者選擇了後者。小人的朋友，自然也是小人。

廉頗始終沒有等到趙國的入職通知書，報國之心也涼透了，最終死在楚國壽春，也就是現今的安徽省壽縣一帶。

郭開算計了廉頗，還覺得不夠，在秦國將軍王翦的重金賄賂下，他又害死了趙國最後一根頂梁柱——李牧。西元前二二八年，王翦率領秦軍攻進了趙國都城邯鄲，趙國大夫們北逃至「代」，擁立公子嘉為代王，直到西元前二二二年再次被秦軍攻滅，趙國正式滅亡。

位列戰國七雄之一的趙國，之所以走到這一天，和郭開這個小心眼的伴讀有著極大的關係。

12

# 雞鳴狗盜之徒

「雞鳴狗盜」這個成語一直是用來形容小偷這類人的，但這個成語最初並不是貶義的，反而是對這類人的褒獎。

齊國的孟嘗君是戰國四公子之一，名聲在外。他曾跳槽到秦國當丞相，但作為外來客，沒有本地根基，就算官至丞相，仕途發展也始終不平穩，第二年就遭到別人的陷害。

本地的官員向秦昭王打小報告，說孟嘗君是齊國人，肯定會站在齊國的角度考慮事情，不會盡心盡力為我們秦國效力。如果秦國和齊國交戰，他一定會為了齊國而暗算我們，這對占據丞相之位的孟嘗君來說根本輕而易舉。

秦昭王一聽，好像有道理，於是立刻罷免了孟嘗君。但他還不夠放心，因為孟嘗君已經官至丞相，知道很多秦國的國家祕密，秦昭王索性將孟嘗君扔進監獄，打算隨便找個理由，把他殺了，一勞永逸。

人在大牢，就算有天大的本事也沒處用，孟嘗君只能另闢蹊徑，託關係找人求情。他派人求見秦昭王的幸姬，請她幫忙說好話。「幸姬」不是某個妃子的名字，而是指受到秦昭王寵幸的姬妾。幸姬倒也是個痛快人，收人錢財替人消災。但是她收下兩對玉璧之外，還提了一個要求：她想要孟嘗君去年帶到秦國的那件白狐裘。女人的衣櫥裡永遠缺一件衣服，對漂亮衣服總歸是抗拒不了的。

孟嘗君當然不是個小氣的人，但問題是這件衣服去年就已經送給秦昭王了，自己手裡沒有第二件。這時候，孟嘗君的一位門客主動請纓，說：「這件事交給我來辦。我會學狗叫，可以假扮成狗把衣服偷出來。」

當天晚上，這個門客就披著狗皮，從狗洞鑽進了秦國的珍寶倉庫，把白狐裘偷了出來。他學狗叫學得惟妙惟肖，還披著狗皮，所以沒有一個守衛察覺到異常。這就是孟嘗君廣納門客的好處，賢人能士有他們的智慧，市井之徒也有自己的門路。

幸姬看到孟嘗君真的把白狐裘送來了，大喜過望，也就遵守承諾，向秦昭王求情。幸姬說：「孟嘗君是個名人，要能力有能力，要長相有長相，而且還有威望。雖然他是齊國人，但他畢竟當過秦國的丞相，現在您把他扔到監獄裡去，讓全天下知道這樣的人都被我們給法辦了，那以後其他國家的高級人才，誰還敢來我們秦國效力？」

美人當前，秦昭王腦子一熱，便答應釋放孟嘗君。

孟嘗君隨後帶著門客飛奔出秦國，為了方便出逃，他還更改了通行證件，杜撰了姓名。之所以連跑了幾天幾夜，就是怕秦昭王反悔。

他們一行人來到函谷關前，只要出了函谷關，就能離開秦國，到達中原的安全地帶了。

此時，正是後半夜的三點到五點之間，人們把這個時段稱作「寅時」。寅指的是老虎，這時候正是老虎出沒的時間。再加上眼前的函谷關猶如銅牆鐵壁，擋在孟嘗君一行人前面，他們感到了前所未有的壓力。

按照秦國當時的規定，天亮了，雞打鳴了，才能夠開關放人。孟嘗君瘦小的軀幹，裹在一件不合身的衣服裡，在關下踱步，活生生一個乞丐模樣。旁邊一個門客給孟嘗君出了一個主意：他們不是得等到雞打鳴才肯開關嗎？那我就學雞叫，這樣他們就會開門了。

於是，此人就在眾人面前掐著嗓子開始打鳴。他模仿得太像了，附近的雞聽到後，竟然開始爭相回應。一時間，雞鳴聲四起，此起彼伏，函谷關的守關士卒沒有仔細分辨，就打著哈欠罵罵咧咧地打開了關門。

士卒們檢查了孟嘗君的封傳（出境的憑證）後，就讓這群人通過了。附近的雞鳴聲也逐漸歸於平靜。

孟嘗君的擔心果然沒錯，說話不算話可是秦國國君的祖傳本領。秦昭王的確後悔放走了孟嘗君，他派遣使者火速前往函谷關攔截。但是等使者來到函谷關時，孟嘗君早就過關，到了安全地帶。

「雞鳴狗盜」這個成語就是這麼來的。很難想像，一個著名的貴族竟然有這種不起眼的門客。其實這是孟嘗君有意為之，他知道，有些事情是自己這種有臉面的人不好意思做的，所以養了這些會雞鳴狗盜、不入流技能的小人物，希望他們能在關鍵時候發揮大作用。這是一種既能達到目的，又能保全自己名聲的兩全之策。

孟嘗君回到齊國後，他的堂兄弟齊閔王覺得自己當初不該同意孟嘗君去秦國，一直埋怨自己。為了表示補償，齊閔王索性把齊國的丞相之位交給了孟嘗君。

齊閔王對秦國也有怨恨，因此為了出這口氣，他聯合魏國、韓國，一起進攻秦國。在這次戰爭中，齊國的名將匡章出馬，他帶領三國聯軍把函谷關圍了個水泄不通，終於在西元前二九六年攻破函谷關。沒有了函谷關，咸陽就失去了屏障，秦國差一點就滅亡了。曾經給孟嘗君留下深刻印象的函谷關，在整個戰國後期，只被攻破過這一次。不過，聯軍畢竟沒有真的打到咸陽。如果當時再加一把勁，一口氣攻破咸陽，滅了秦國，可能就不會有七十五年後秦國統一天下的事了，大一統事業也要向後推遲。

但是話說回來，如果沒有那兩個雞鳴狗盜之徒，孟嘗君也許會死在秦國，這場大戰或許就不存在。

13

# 基層官吏留下的大秦律

「喜」是秦朝的一個基層官吏，別看他的官職不大，他對今人研究秦朝法律體系的貢獻卻是不可忽視的。他出生在現今的湖北省孝感市雲夢縣，著名的雲夢睡虎地秦簡就是從他的墓穴裡出土的。

「睡虎地」是個地名，早在春秋時期，楚國的令尹鬥子文就出生於此。鬥子文是個私生子，剛出生就被拋棄在野外。令人吃驚的是，一隻母老虎餵養了鬥子文，讓他活了下來。又因為楚人稱「乳」為「穀」，「老虎」為「於菟」，於是鬥子文也被叫作「鬥穀於菟」，《左傳．宣公四年》對此事做了記載。這一帶曾經名為「於菟鄉」，還有個虎乳崖，都是為了紀念此事此人，睡虎地之名同樣由此得來。

喪葬文化是中華文化的重要組成部分，當時，人們相信死後陪葬的東西會和自己一起到地府，繼續陽間的生活，所以出現了活人陪葬、陶俑陪葬等情況。而喜這個人，則把陪伴自己一輩子的法律資料帶進了墳墓。這才使得我們有機會更直觀、更全面地認識秦朝法律。

一九七五年，一位農民在挖水渠時，發現泥土的顏色有點不對勁，立刻向當地的文化館彙報。隨後，湖北省考古隊趕到現場，隨著考古活動的進行，人們發現了一些古代墳墓。其中第十一號墓葬的棺槨被打開後，只見墓主人的身旁擺放著一卷卷的竹簡，全都保存完好。

經過考古隊員的清點，這批竹簡一共一千一百五十五枚，殘片八十枚，近四萬字，是由秦朝時期的人書寫而成。

四萬字資料的搜集，在今天可能幾個小時就能完成，但按照兩千多年前的條件，四萬字的文獻資料對一個人來說，無疑是巨大的工作量。甚至對於一個普通人家來說，也負擔不起寫滿四萬字要使用的竹簡。

可以說，喜為現在的人們留下了一份珍貴的寶貝。

喜的墓修建於秦朝，也就是秦國統一六國之後。但墓葬形制卻保持了楚國的傳統，用青膏泥進行密封，有效隔絕了空氣，避免竹簡遭到氧化破壞。而且睡虎地處於地勢較低處，水位很高，整個墓葬都在水中，也有助於隔絕空氣。

墓主人，也就是喜的頭部下面，擺放著五十三枚竹簡，記載了從秦昭襄王元年（西元前三〇六年）到秦始皇三十年（西元前二一七年）的大事，上面清楚地寫著，喜出生於秦昭襄王四十五年（西元前二六二年）。

喜的一生並不是一帆風順的。他去過不少地方，還參加過幾次戰鬥。一開始，喜只是一個服徭役的工人，後來才當上了安陸御史、安陸令史等，都是和法律有關的低級職位。

由於職業的關係，喜的竹簡中記載的大多都是秦國律法，例如：「賊入甲室，賊傷甲，甲號寇，其四鄰、典、老皆出不存，不聞號寇。問當論不當？審不存，不當論；典、老雖不存，當論。」大致的意思是說，有個小偷進了小王的家裡，還把小王打傷了。小王呼救，里典、伍老皆外出不在。問這些人該不該處罰。答案是，如果普通鄰居不在家，可以不處罰。但如果本地的基層幹部不在家，不管你去做什麼，都要處罰。

另一個案例是，如果有人在馬路上殺了人，但是百步之內的路人並沒有施以援手，那麼這百步之內的所有路人都要受到處罰，處罰就是上繳兩副盔甲。在當時，盔甲需要純手工製作，算上所有的材料、人工，價值可能接近今天的跑車。由此可見，見義勇為這種事情在秦朝，不是社會道德所要求做的事情，而是法律的硬性規定，如果做不到，法律還要追究。

再來一條關於孝順父母的法條。原文是「免老告人以為不孝，謁殺，當三環之不？不當環，亟執勿失。」大致的意思是，如果六十歲以上的老人告發晚輩不孝順，並要求將其處以死刑，是否需要庭外和解？當時的法律規定是：不應該和解，應立刻抓捕、判刑。

在秦朝，也有保護未成年人的法律。秦朝規定身高不足六尺的人，可以免除牢獄。六尺也就是一百四十公分左右，通常身高在這個標準以下的都是孩子。所以說，雖然秦朝律法嚴厲，但對於未成年人還是有所寬待的。

不得不說，秦朝的律法，不僅僅在中國，就是從全世界角度來看，也是一部非常詳細的法律，詳細的程度令人驚訝。

而這一切，今天的世人都是透過喜在竹簡上所寫下的內容瞭解到的。像喜這樣的人物，在那個時代不會引起多少關注，估計秦始皇也不會知道自己的國家裡有一位叫作喜的基層官吏，但喜對我們現今瞭解歷史的貢獻是巨大的。正是無數個像喜一樣名不見經傳的小人物，為我們記錄了這一切，最終累積成繁榮璀璨的中華文化。

卷二

## 漢晉時期

# 平凡人創造的天下格局

## 14

# 西漢定都長安是來自誰的想法

西漢時期的都城名為「長安」，寓意「長治久安」，位於現今的西安一帶。其實在劉邦打敗項羽後，他登基稱帝的地點是定陶氾水的北面，位於現今山東省菏澤市的轄區內。那是西元前二〇二年二月，完成登基儀式後，劉邦率領文武大臣定都洛陽。可是，他們在洛陽短暫落腳了一段時間後，又遷都長安，這是為什麼呢？

要知道，在過去的任何一個朝代，首都搬遷都是關乎江山社稷的頂天大事，容不得半點兒馬虎。國家級智囊團肯定要進行詳細縝密的調查、考察、推演，確保無誤後才能提出最後的建議，交由最高統治層定奪。可是西漢首都的搬遷，完全沒有這一套標準流程，僅僅因為一個叫婁敬的普通人提出了意見，就讓漢高祖劉邦做出了遷都的決定，並最終落實想法。

婁敬只是史書隨意提及的小人物，他形象不明、家世不明、生卒不明，只知道他曾經作為齊國的戍卒，經常被派往不同的邊關戍守，屬於國家的一塊磚，哪裡需要往哪裡搬。劉邦打敗項羽，統一天下後，暫無戰事，婁敬也得以解甲歸田，回到老家。

這時候，劉邦身邊有一個名叫虞將軍的人，因為英勇善戰而被委以重任。當時，天下剛剛平定，局勢不穩，於是劉邦就派虞將軍到齊國地界再徵一些兵到隴西戍守。虞將軍湊齊了人，向人群中掃了一眼，有一個人特別眼熟，走近一看，天吶，這不正是自己的同鄉婁敬嗎？

虞將軍趕緊把婁敬接回家，好酒好菜地款待他。婁敬也不客氣，他知道現在的虞將軍已經是開國功臣，能夠在皇帝面前說話。於是他向虞將軍提了一個請求，說自己有治國理政的建議，希望能面見劉邦。

引薦婁敬對於虞將軍來說並不是什麼難事，可是，自己的這位同鄉是個倔脾氣，固執己見，還不聽勸。虞將軍覺得都要見皇帝了，總得換一身得體的衣服，最起碼要表現出尊重吧。可是婁敬不這麼認為，他認為皇帝會重視自己的想法，而不是自己的衣服。哪怕虞將軍替他準備好了一套體面的行頭，婁敬也不肯換上。虞將軍無可奈何，嘆了口氣，只能在心中祈求劉邦不會因為這件事而怪罪下來。

到了都城洛陽，婁敬見到了巍峨的宮殿，面容嚴肅的禁衛，不由心中忐忑。對於劉邦的為人，他略有耳聞，那倔脾氣跟自己有得一拚，加上這氣勢逼人的皇城，讓本來一肚子傲氣的婁敬心裡打起了退堂鼓。

虞將軍先到皇宮大殿裡去請求覲見，沒過多久，他就出來帶婁敬去見皇帝。婁敬畢恭畢敬地進去，一進殿，就拜倒在劉邦面前。

劉邦直接切入正題，問：「聽說你有治國理政的重大建議，還這麼著急地要來見我，想必心中有很多想法吧。」

婁敬趕緊答道：「草民只有一個問題，那就是陛下為何將都城建在洛陽，是想和當年的周朝比興盛嗎？」

劉邦沒聽懂他的意思，於是示意他繼續說下去。

婁敬接著說：「大漢建立的過程和周朝建立的過程千差萬別。想當年，周朝剛建立時，做盡了好事，積累了很多功德，這是天下人有目共睹的。正因如此，各路諸侯才能臣服，周文王在位的時候，連四面八方的戎狄蠻夷都來稱臣納貢了。後來，周公輔佐周成王在洛邑建都，此時全天下都臣服於周朝，那些有德行、有才能的人都得到了賞識，相反的，那些沒有能力的庸才、惡人都被踢出了朝廷。可是，如此清明的周朝後來也無法控制天下，顯然不是因為做盡了壞事，丟了德行，而是因為實力太弱。」

話說到這裡，劉邦還是一頭霧水，索性直接開口：「先生到底想要說什麼？我們沒有必要繞來繞去，直接說問題的核心，不然話題越繞越遠，逐漸偏離主題，豈不是白費勁？」

婁敬見劉邦沒了耐心，直接拋出了他的觀點：「我們大漢和周朝不同，自從陛下您起兵開始，蜀漢、三秦，哪一處不是戰火連天？陛下和項羽大戰於滎陽、城皋、垓下各地，戰爭所到之處，民不聊生，生靈塗炭，全天下的老百姓都受夠了這種生活。雖然現在天下統一，百廢待興，但要是短期內再起戰火，老百姓就又會受到摧殘了。」

雖然劉邦是個急性子，但婁敬提出的觀點提起了他的興致。

婁敬繼續說：「當年秦國之所以能夠統一六國，就是因為秦國占據著關中地區。關中四面八方都是崇山峻嶺，還有無數河流，足以阻擋敵人的軍隊。如果陛下您把都城遷到關中，那麼即使是中原地區有了重大變故，短時間內也不會威脅到關中，而且陛下您還可以利用關中地區肥沃的土地養活百萬軍隊，等待時機，再次出擊。總之，只要牢牢控制住關中地區，就不怕天下生亂，這才是徹底掌握了天下的咽喉之地啊！」

到了這裡，劉邦算是明白了，婁敬說了半天，就是認為洛陽不是合適的都城，在勸他遷都關中。

不過，婁敬的一些觀點顯然得到了劉邦的認同，於是他向婁敬解釋，遷都可不是小事，得召集大臣一起商量商量。

沒過多久，蕭何、張良、夏侯嬰等人相繼到來。劉邦把婁敬的計畫大致對眾人說了一下，又問他們的意見。大部分人遇到這種情況，大概都會先支持上司的原有決策，畢竟現在的都城就在洛陽，就算關中有優勢，如果直接肯定婁敬的看法，那不就等於側面說明劉邦當初的決定是錯的嗎？

蕭何答道：「周朝在洛陽定都，延續了幾百年，雖說關中地區很好，但建都咸陽的秦國，沒過多久就亡國了。洛陽東有城皋，西有崤山、澠水，地理位置很好，簡直就是個天然堡壘，所以我認為不必遷都，保持原樣就行。」夏侯嬰趕緊附和。

這兩人幾句話就讓虞將軍的心提到了嗓子眼兒，如果劉邦聽了蕭何和夏侯嬰的話，婁敬可能就要小命不保了。最後，他只能把希望寄託在還沒開口的張良身上。

其實，關中地區有多重要，在場的幾位心中都有數。如果不是關中的糧草充足，劉邦可能也無法和項羽對峙那麼久，也不可能取得最後的勝利。有了關中，劉邦就有了穩固的據點，只要關中沒丟，無論何時都有能力東山再起。

張良終於開口道：「洛陽雖好，但交通發達，很容易四面受敵，一旦發生意外，洛陽很可能在短期內失陷。而關中四面都是崇山峻嶺，擁有天然屏障，中央的平原土地肥沃，能產出糧食供養軍民。一旦天下有變，退可守、進可攻，是個寶地，再說陛下您不正是借著關中的優勢，最終才戰勝了項羽嗎？」

這時，虞將軍才發聲，表示自己也同意張良的說法。劉邦聽了眾人的意見，思來想去，越想越覺得遷都確實有利無害。如果當初自己不是在關中稱王，恐怕現在坐在龍椅上的就是別人了，於是他大聲道：「好，那就這麼定了，蕭丞相你們趕緊準備一下，我們擇日遷都。」

為了表彰提出這個想法的婁敬，劉邦御賜婁敬以劉姓，要知道皇帝賜姓，而且是皇族姓氏，那可是很重的獎賞。誰能想到，西漢王朝選擇都城位置這麼大的事，竟然源自一個不起眼的戍卒的建議。

# 15 弱女子廢止西漢肉刑

在中國古代，有諸多令現代人難以理解的酷刑，有些刑罰的名字光聽一聽，就讓人腿軟膽戰，比如腰斬、凌遲（千刀萬剮）、車裂（五馬分屍）、炮烙、宮刑（割掉男性生殖器）等。這些令人毛骨悚然的酷刑在古代有一個統稱——肉刑。

狹義上的肉刑，簡單來說就是用暴力摧殘人的身體，比如，黥（刺面並著墨）、劓（割鼻子）、刖（斬掉雙腳）、宮（割勢）等。如此令人髮指的肉刑在古代實行了很長一段時間，幾乎貫穿整個封建時代。不過，西漢時，有一位奇女子在挽救父親生命的過程中，以勇敢善良、堅持真理、不畏強權的態度，最終打動了漢文帝，漢文帝隨後下令廢止了這種酷刑。

淳于意是扁鵲的傳人，醫術非常高明。他跟隨老師公孫光和公乘陽慶學醫多年，學業有成，採用物理療法和針灸術，為無數患者解除病痛。

有一回，淳于意受黃長卿的宴請，在宴席上認識了齊王后的弟弟宋健。雖然兩人素昧平生，但淳于意察看宋健的氣色後，悄悄把他拉到一邊，問道：「最近幾天，你是不是感到腰部疼痛難忍呀？」

宋健一聽，驚得目瞪口呆，這幾天他正經受著腰痛的困擾，連小便都很困難，只不過一直羞於說出口，才沒有找醫生診治。

如今聽到淳于意點破，宋健深感佩服，趕緊說：「先生的醫術太高明了，最近幾天，我確實有這樣的毛病，不知道該如何治療？」

淳于意胸有成竹，說：「等一會兒宴席散了，我給你開一個藥方，你按照藥方抓藥，保證半個月內病痛全消。」

宋健感動得熱淚盈眶，說：「要是能治好我的病，我一定親自到你的府上表達感謝。先生真是神醫呀，你還沒給我號脈，居然就能診出疾病，真是太讓我佩服了。」

果然，僅僅過了十多天，宋健的病痛就徹底消失了。

齊王聽說了這件事情，也對淳于意的醫術佩服得五體投地，特別邀請他到宮中來，為宮女們診治。在為其中一位宮女號脈時，淳于意很快就診斷出她的脈象混亂，疾病已傷及脾胃。為免給病人造成心理負擔，淳于意悄悄把宮中的管事叫到一邊，告訴他：「剛才那位宮女已經病入膏肓，千萬不能再讓她過於勞累，否則後果不堪設想。」即便管事聽從了淳于意的勸告，那位宮女仍然沒能熬多久，最終因為過度勞累吐血而死。

但這件事讓越來越多的人認識到，淳于意與他的祖師爺扁鵲一樣，是一位神醫。淳于意的名氣越來越大，前來求醫問藥的人也就越來越多。於是，分身乏術的淳于意就給自己定了規矩，對以下幾類人拒絕治療，一是作惡多端之人，二是達官貴人，三是病入膏肓者。這個做法，大概是參考了祖師爺扁鵲。扁鵲當年就提出了「六不治」

理念，分別是傲慢無禮的不治，貪圖錢財的不治，暴飲暴食的不治，臟腑功能紊亂的不治，藥都吃不下的不治，信巫不信醫的不治。

但給貧苦的百姓治病時，淳于意不僅分文不取，有時候還會資助一些醫藥費，因此他在民間的聲望很高。

可是誰能想得到，德高望重的淳于意，忽然莫名其妙地攤上了人命官司。而這其中被害死的人，居然是齊王。

聽到這個消息，人們都感到不可思議。齊王貴為諸侯，一國之君，一直待在深宮大院裡，而淳于意只不過是一位鄉野醫生，他怎麼可能會謀害齊王呢？

這個問題還要從淳于意和齊王之間產生過的衝突說起。

淳于意本來和齊王的關係非常不錯，他曾經是齊王的座上賓。齊王病重時，王室自然就想請淳于意來給齊王治病。但淳于意立了規矩，達官顯貴不治，即使王室花費重金，用最大的誠意請淳于意出診，他都不為所動。就這樣，因為淳于意堅持原則，齊王最終不治而亡。

齊國王室非常憤怒，認為淳于意見死不救，等同於殺人，於是把他抓了起來，準備押送到長安。

淳于意沒有兒子，家中有五個女兒，在他被押解去長安之前，看到女兒們哭得非常傷心，他趕緊安慰她們說：「你們放心吧，為父到了京城，只要說明事件經過，很快就會被無罪釋放的。你們就放心待在家中，等待為父回來吧。」

雖然淳于意說得很輕鬆，但他的女兒們都知道，淳于意這次很可能有去無回，因為他攤上的是人命官司，對方還是貴族，按照大漢的律法，她們的父親可能要受到嚴厲的處罰，也就是肉刑。

全家人都急得手足無措，只有淳于意的小女兒緹縈趕緊收拾好行裝，孤身一人趕到了長安。緹縈要到都城裡告御狀，替父申冤。

當時，緹縈是一個十五歲的平民女子，想見皇帝，談何容易。緹縈在長安逢人就問皇帝在哪裡，這異常的舉動引來了很多人的譏諷，在外人看來，這個小姑娘瘋得不輕，皇帝哪是那麼輕易就能見到的？然而，有一位小官吏看到她每天焦急無助地到處亂跑，便攔住她詢問緣由，最終被她的勇敢所打動。他對緹縈說：「最近皇帝可能會外出打獵，至於能不能碰到，那就要看你的運氣了。」

眾所周知，皇帝出行必然是旌旗蔽空、侍衛如雲、警衛重重，即使能看到皇帝的車隊，但要想成功地犯顏攔駕可不是容易事。有好心人提醒緹縈，你阻攔車駕，一定會驚擾皇帝，這是大不敬的舉動，弄不好就會腦袋搬家。一般來說，時機掌握不當，可能被警衛認為是刺客，就會立即斬殺，至於什麼上書救父，那更是想都不要想了。

而緹縈心裡想的是，自己來到京城，已經置生死於不顧了。眼下，如果連試一試的勇氣都沒有，那還談什麼捨身救父呢？

或許是緹縈的勇敢與誠意感動了上天，在一個蕭瑟的清晨，漢文帝果真出發行獵，浩浩蕩蕩的車騎掀起了塵土到處飛揚，遮雲蔽日。車騎的前方，一座空寂無人的灞橋上，一個面相清秀、衣衫襤褸的女子跪在橋中心，雙手舉著早已寫好的書信，靜等皇帝的到來。

漢文帝聽人報告說，攔車駕的竟然是一個小女孩，內心頓時起了憐惜之情，於是就問她：「你從哪裡來？為什麼要見我？」

聽到皇帝的問話，緹縈並沒有一絲慌亂，她條理清晰地答道：「我是齊國人，我的父親名叫淳于意，是一位醫生。因為我的父親不願意巴結權貴，受到他們的忌恨，他們甚至誣陷我的父親沒有好好給齊王診病，最終導致齊王病故。按照大漢的律法，陷害他人導致他人死亡的要被處以肉刑，如果我的父親真的受了刑，將來他就沒有辦法替人診病，還希望您放過我的父親吧。」

漢文帝立刻安排身邊的人去調查，過了幾天，漢文帝瞭解了事情的來龍去脈，派人回覆緹縈：「雖然你的父親不是導致齊王病故的直接兇手，但是他作為一名醫生，應該明白救死扶傷的道理。只不過，你父親雖然有錯，判處肉刑的確量刑過重。」

緹縈頓時有了希望，趕緊對來人說：「我願意代替父親受罰，只要皇上能免除他的肉刑，民女就感激不盡。」

緹縈的一片孝心感動了漢文帝，他又認真地想了想，做出了最終判決——收緹縈到官府做奴婢，無罪釋放淳于意。

這個案子結束以後，作風簡樸、愛惜民力的漢文帝開始認真思考肉刑是否合理的問題。這個刑罰實在是太殘忍，對於受刑者來說，不僅是很大的人格侮辱，還會讓他們的身體落下殘疾。

後來，漢文帝頒布了一封詔書，讓廷尉廢除了肉刑。一個十五歲的弱女子，憑藉自己的勇敢，不僅解救了父親，還讓令無數人為之膽寒的肉刑被廢止。試想一下，如果不是勇敢的緹縈冒著生命危險衝撞皇帝的車騎告御狀，不知道還有多少人會遭受肉刑的戕害，說緹縈影響了西漢的律法史，一點也不為過。

16

# 婢女外交家

中國歷史上有名的外交人才非常多，例如鑿通西域的張騫、持節不屈的蘇武，卻鮮少聽聞古代的女外交家。其實早在漢代，就有一位非常出色的女外交家，名叫馮嫽，也被稱為「馮夫人」。

漢武帝時期，北方的匈奴勢力很強，雙方戰爭不斷。漢武帝為了拉攏更多的力量，採用和親政策，與西域國家烏孫聯盟，共同對抗匈奴。當時嫁過去的公主是漢朝王室的宗室女，人稱「解憂公主」。大漢朝的公主出嫁，肯定不能是孤身一人。大量的侍女陪著公主一起遠嫁異國，負責照顧她的生活，馮嫽就是侍女之一。

雖然馮嫽只是一個侍女，但她和公主的關係特別好，算得上是公主的「閨蜜」。在異國他鄉擁有一個知己，讓遠離故土的解憂公主得到了些許安慰。此外，馮嫽很清楚和親的公主都肩負政治責任，自己作為公主的侍女，理應為她排憂解難。因此，馮嫽在烏孫國非常活躍，很快就掌握了當地的語言和文字，與當地居民建立了良好的關係。只有這樣，她才能幫助公主更好地融入這個異國社會。

因為善於溝通交流，馮嫽這個來自異國的侍女，逐漸被當地人接受。她開始代表公主處理與官員之間的往來，甚至可以用公主的名義訪問附近的小國，帶去漢朝友好的問候，並且得到了大漢朝廷的認可。慢慢地，西域各國的人都知道了在烏孫國有一位出色的漢朝女子外交官，馮嫽的名聲越來越響亮。

馮嫽舉止大方，行為優雅，這樣一位出眾的女子，必定會引起烏孫國高級官員的注意。烏孫國的右將軍傾慕於她，直接向她求婚。

馮嫽答應了，但其中或許沒有多少愛情的因素，更多的是出於國家利益的考量。馮嫽心裡清楚，公主已經是烏孫國的王后，自己作為她的侍女，肯定會在烏孫國度過餘生，能和烏孫國的高級官員結婚，也可以讓烏孫國和漢朝的關係更加緊密。

然而，漢宣帝時期，烏孫國發生了內亂，北山大將烏就屠趁機篡位。烏孫國政權更換，這也意味著從前漢朝和烏孫國建立的姻親關係不存在。

漢宣帝當然很生氣，立即派遣破羌將軍辛武賢率軍出擊。軍隊浩浩蕩蕩地出發了，但是西域都護鄭吉意識到大漢軍隊的弱勢，雖然師出有名，但烏孫國畢竟距離漢朝太遠，等漢朝軍隊長途趕路來到烏孫國，早已經是人困馬乏的狀態，怎麼還有精力打仗？

與其用武力解決，還不如先嘗試一下政治手段。鄭吉便向朝廷建議，大軍先按兵不動，讓馮嫽和烏就屠談判。如果談判不成，再出動大軍也不遲。

馮嫽長期在烏孫國居住，當然瞭解內部的情況，也瞭解烏就屠的性格。她這樣一位本地通，知道該如何勸說叛軍，也知道叛軍想要什麼、懼怕什麼。於是，馮嫽陳述利害，恩威並施，很快就把烏就屠說服了。

烏就屠答應退位，把王位讓給解憂公主的兒子元貴靡，而漢朝也賜給他一個封號。

一次會面，幾句交談，就讓一場血腥戰爭消解於無形，顯示了馮嫽這位外交家出色的能力。

馮嫽立了大功，漢宣帝打算召她回國，親自接見並表彰她。於是，馮嫽終於回到了自己闊別四十多年的祖國。這一次，漢宣帝不只親自接見馮嫽，還封她為正使，讓她再次出使烏孫國。

烏孫國國運坎坷，沒多久，烏孫王元貴靡病故，他的兒子星靡登基。然而，星靡太過軟弱，根本沒有能力治理國家。於是權臣趁機掌控朝政，烏孫國又一次陷入內亂之中。

此時，解憂公主已經七十歲了，她不願死在異國他鄉，打算完成最後的心願——回到家鄉。就這樣，解憂公主和馮嫽回到了漢朝。

其實，從馮嫽做出的貢獻來看，她完全可以留在漢朝頤養天年，但國家需要聯結烏孫這個盟友，鞏固在西域的影響力。為此，馮嫽選擇第三次出使烏孫國。

馮嫽的溝通能力極其出色。她說服了反叛的權臣，平息了烏孫國的內亂，使烏孫國與漢朝的關係恢復如初，而她的大名也再一次響徹西域各國。隨後，漢朝讓馮嫽以解憂公主的名義走訪西域各國，擴大了漢朝的文化影響力。

總的來說，馮嫽的確是一名奇女子。她比王昭君出塞早了六十八年，在烏孫國待了五十多年，通曉各國語言，就連《漢書》都用了很大的篇幅來記錄她的事蹟。可能很多人都忘了，馮嫽最初僅僅是一名侍女，這都是由一個侍女創造的奇蹟。

17

# 三十六人使團

古人在記載歷史的時候，向來是惜字如金的。因為當時的記錄成本比較高，為了節省篇幅，往往會突顯主角的功績，省略小人物的事蹟。但在史書的某些角落，我們能不經意地發現許多無名英雄的功勳。

西漢末年，王莽篡權成功，隨之而來的是天下大亂。各地諸侯開始割據混戰，趁機添亂的還有外敵匈奴。在此之前，漢朝和匈奴多次和親，但效果都不太理想，兩國依舊劍拔弩張，摩擦不斷。如今，漢朝國內政治動盪，匈奴當然不會放過這個機會，很快就控制了西域各國。

光武帝劉秀穩定政局，正式建立東漢後，並沒有急於發兵西域。一是經歷動亂，國家實力不允許持續作戰；二是西域距離漢朝太遠，很難顧及。

然而，匈奴卻開始得寸進尺，先是侵犯漢朝邊境，然後進軍河西地區。要是河西地區不得安寧，很可能直接威脅到都城所在的關中平原，光武帝劉秀意識到不解決匈奴問題是不行的。

永平十六年（西元七十三年），奉車都尉竇固率領漢朝大軍浩浩蕩蕩地出發了。這支軍隊當中，就有班超和他的三十六名部下。

這場漢匈之戰以漢朝軍隊取勝告終。但是，漢軍的任務還沒有完成，因為西域各國還從屬於匈奴，所以必須派遣使團到這些小國遊說，讓他們重新和大漢結盟。

班超當時的官職並不大，被選為出使西域的假司馬，也就是代理司馬，他手下只有三十六個人，組成了一支收復西域各國的隊伍。

班超等人到達的第一個國家是鄯善國，也就是樓蘭。鄯善國國王一開始的態度非常好，好吃好喝地接待班超一行人。但沒過多久，待遇突然就降低了，鄯善人開始對他們愛搭不理。

班超知道，這其中一定有匈奴的影響。確實，匈奴派人來威脅鄯善國國王，想讓他們繼續跟隨匈奴。一邊是大漢，一邊是匈奴，都是不好惹的角色，這讓鄯善國國王很難抉擇。雖然大漢實力強大，但畢竟遠在千里之外，不可能時刻保護鄯善，然而，匈奴只管掠奪財物，並不是可靠的盟友。

班超看穿了一切，直接問鄯善的官員，「匈奴使者跟你們說了什麼？他們現在在哪裡？」其實這只是旁敲側擊，讓鄯善人以為班超已經知道了真實的情況。於是，這位官員把匈奴使團的事和盤托出。

班超知道自己必須採取行動了，回去和兄弟們喝了頓酒，借著酒勁做了個戰前動員。三十多人聚在一起，簡單商量了一下，決定用火攻，燒了匈奴使團的營帳。

說做就做，他們在匈奴使節的營帳旁放了把火，等驚慌失措的匈奴人跑出來救火時，就撞上了早在門口埋伏的班超等人手中的大刀。

隨後，班超提著匈奴使者的人頭，找到了鄯善國國王。國王一看，好傢伙，這三十幾個人不聲不響的，這麼一會兒就全殲了匈奴使團。要是不肯歸順漢朝，下一個掉腦袋的恐怕就是自己了。鄯善國國王立刻決定歸順，為了表明誠意，他還把自己的兒子送到了大漢做人質。

收服鄯善國的任務完成了。班超帶著自己的兄弟們向竇固覆命。竇固一聽，當然高興，就讓班超繼續做司馬，出使其他西域國家。

竇固看班超的人手太少，想再派一些人給他，結果被班超拒絕了。也許他們共同戰鬥過，已經形成了默契，不需要多做改變吧。

這次，班超來到于闐國，也就是現今的新疆和田地區。當時的于闐國是匈奴的屬國，立場明確，而且剛剛贏得一場戰爭，士氣正盛，對漢朝使團的態度相當輕蔑。

一位深受國君信賴的巫師對國君說：「上天發怒了，你得用漢朝使者的寶馬祭祀，不然的話，上天會更加生氣。」

國君立刻就派人找漢朝使者要馬，一點都不在乎邦交禮儀。班超當然不樂意，心想，「我們不曾受到禮遇也就算了，還故意索要我們的馬，這不明擺著是下馬威嗎？」他表面上答應，請巫師自己來取。

巫師大搖大擺地來了，誰知班超一刀就砍下了他的頭顱，乾淨俐落。然後，班超提著巫師的頭，去見于闐國國君。若要與漢朝作對，這就是下場。

于闐國國君也被震懾住，再也不敢胡來，他下令處死了匈奴使者，以表示與匈奴決裂。

三十幾人的使團，連續征服了兩個國家，班超等人在西域名聲大噪，匈奴的勢力範圍越來越小。

西元八十九年，漢朝再次對匈奴發動進攻。幾年後，東漢重新恢復了對西域的控制權。

班超和他的三十六個兄弟，一直活躍在西域。不論是軍事事件還是政治事件，都少不了他們的身影。然而，歷史上有記載的只有班超和一個書呆子郭恂，其他人僅用了一個「等」字：「班超率領郭恂等三十六人……」即便沒有記錄姓名，我們依然應該銘記他們的英雄事蹟。

# 18 太監發明家

什麼樣的人物能影響人類的歷史進程呢？比如制度的革新者、世界的探索者，還有發明家。曾有人製作了一個榜單，挑選世界範圍內一百名影響人類歷史進程的人物，想來上面記錄的都是彪炳史冊的大人物，比如秦始皇。然而，一個來自東漢時期的太監也成功入選，他的名字叫蔡倫。

單以成就來看，蔡倫絕不是無足輕重的小人物，他因為改良了造紙術而為我們所熟知。紙張還未普及的時候，古人在青銅器、絲綢、木片、竹簡上記錄事件。不論哪一種方式都存在著巨大的缺陷，那就是成本問題。青銅器和絲綢造價昂貴，就算貴族也不能隨意取用，難道想寫個日記，還得先開礦冶煉？木頭和竹子倒是便宜，但過於笨重，而且也不便傳閱。想要借一本書，結果先要租一輛車拉著一車的竹簡回來，這實在是太不方便了。

因此在那個年代，文字紀錄的成本是很高的，所以古人只能惜字如金。知識和思想很難傳播，文化也就只存在於高等級的社會群體中，平民是很難接觸到的。

所以說，蔡倫改良了造紙術，讓紙張逐漸替代了竹簡，使文化知識的傳播變得廣泛而便捷，功績不可謂不高。然而，在他所處的時代，他並不是一位受人尊敬的發明家，而是參與宮廷鬥爭的弄權者。

蔡倫出生於現今的湖南地區，在他很小的時候就被父母送進宮。這表示蔡倫的家境不好，甚至可能非常窮困。十幾歲的蔡倫到了洛陽，開始瞭解權貴們的生活與思考方式，逐漸適應爾虞我詐的環境，官至黃門侍郎。雖然官不大，但他可以和皇室的人直接接觸，為他向上爬創造了更多的機會。

此時，漢章帝的竇皇后沒有子嗣，整天滿面愁容，她擔心已經生下太子的宋貴人會取代自己的位置。蔡倫瞭解了竇皇后的苦悶後，為表忠心，他向竇皇后表明，自己可以幫她處理這件事情。所謂處理，就是要除掉宋貴人。蔡倫不是春秋戰國時代的刺客，不可能自己拿刀行刺，而是在皇帝面前打小報告，說宋貴人行巫蠱之術。

巫蠱是詛咒一類的邪術，在今天看來沒有任何作用的迷信行為，當時卻是重大的罪行。不管是否有效，對於皇帝來說，這種事情出現在皇宮，是非常不吉利的。寧可錯殺一千，不可放過一人。於是，宋貴人被送進了大牢，不久後鬱悶自殺。

竇皇后除掉了對手，但仍然缺一個能繼承皇位的孩子。於是她再次召見蔡倫，讓其暗施計謀，把梁貴人的兒子劉肇給搶了過來。尚在襁褓中的劉肇，就這樣成了竇皇后的兒子。

劉肇成為太子後，竇皇后的地位得到了鞏固。而多次幫助竇皇后的蔡倫，也順利得到了晉升。劉肇，也就是漢和帝繼位後，由於年紀太小，還不能夠直接治理國家，所以蔡倫獲得了上位的機會，成了整個漢朝第一個干預政治的太監。蔡倫出身平凡，卻能大權在握，也算是出人頭地了。然而，蔡倫剛剛上位不久，竇皇后就去世了。

雖然蔡倫是皇帝身邊的紅人，但是皇帝太小，還不懂事，他真正的靠山是竇皇后。如今竇皇后死去，蔡倫必須再找一個靠山，才能繼續掌權干政。於是，他打算討好漢和帝的皇后鄧綏。

鄧綏平時喜歡琴棋書畫，當時已經出現了紙張，只是造價實在太高，別說民間，就算是皇宮都無法大量使用，因此，她總不能隨心所欲地練書法或畫畫。

當時的造紙工序非常煩瑣。據說，這種造紙術的發明源於一次大暴雨。暴雨持續了好幾天，一些樹木纖維被沖到河中，形成了最原始的紙漿。人們無意中發現了紙漿，從中分離出紙張，品質出奇的好。雖然造紙術已經出現，但當時的生產力跟不上，以至於紙張造價太高，而且品質不好掌控。

蔡倫要投其所好，就得改良現有的造紙術。於是，他開始了艱苦的研究，不斷試驗新材料、新方法，比如樹皮、舊麻布、破漁網等，把這些隨處可見的物品搗爛、浸泡，獲取纖維，終於降低了造紙的成本。造紙的工序也變得簡單起來。

有了這種新技術，紙張逐漸流向全國，文學、書法的發展也有了質的飛躍。這種新型紙張被稱作「蔡侯紙」。憑藉這個發明，蔡倫不僅獲得了帝后的賞識，還得到了封號和封地。

然而，漢和帝去世後，當年宋貴人的孫子劉祜繼位，很快便調查到蔡倫參與了謀害宋貴人的案件。蔡倫失去了所有靠山，隨時會被剝奪一切，性命不保，他認為與其天天提心吊膽，還不如自行了斷。

西元一二一年的某一天，為造紙技術改良做出重大貢獻的蔡倫，在京城洛陽的家中自殺身亡。可能他自己也沒想到，費盡心力得來的權力無法長久，但他為上位而研究出的造紙技術卻源遠流長，造福後世。

19

# 前線的信使

東漢末年是一個各地軍閥混戰的亂世。當時涼州的軍閥馬超正與曹操鬥得你死我活，涼州鐵騎勇猛，曹操狡詐。雙方你來我往，原本曹操占了上風，只要乘勝追擊，就能徹底將馬超的勢力擊垮。然而，就在這個關鍵時刻，曹操的後方出了事。蘇伯在河間造反，曹操不得不趕緊回去平叛。

馬超抓住機會，回去休養生息，很快便捲土重來。這一次，馬超持續擴大戰果，接連占領了隴右地區的很多郡縣。

此時，上邽郡的上下領導者早就達成了一致的意見，決定歸順馬超。畢竟現在馬超近在眼前，等著曹操派兵來救肯定是來不及的。只有一個人極力反對，那就是閻溫。

他認為，雖然現在馬超勢力強大，但他有勇無謀，可以為人臣，卻不是個當領導者的好料，肯定幹不成什麼大事。

然而，上司們已經做了決定，閻溫只是一個縣令，改變不了會議的結果。

但閻溫覺得自己不能坐以待斃，他跑到了冀城，準備暫時避一避風頭。沒想到，馬超緊接著就包圍了冀城，冀城危在旦夕。

冀城的守衛不打算投降，緊急派閻溫出城，讓他去找夏侯淵來救援。然而，馬超的圍城大軍早就把冀城堵得水泄不通，巡邏的士兵發現有人出城，趕緊通報馬超。馬超心想，這肯定是跑出去搬救兵的，不能讓他們得逞，於是他立刻派人去追。閻溫勢單力薄，跑不過馬超的追兵，沒過多久，他就在顯親界這個地方被追兵抓住，押送回去見馬超。

馬超見到閻溫，不僅沒有大刑伺候，甚至還給他鬆綁，好好地招待他。一方面，閻溫在這種危急情況下能夠鋌而走險，獨自跑出去送信，其勇氣實在是令人敬佩；另一方面，馬超需要閻溫勸降城內守將。

他對閻溫說：「我留你性命，你也該回報我。你現在回去報信，就說夏侯淵不願來救，讓他們在攻城之前趕緊投降吧，也省去了流血犧牲。」

閻溫假意答應，等馬超的人把他帶到城下，讓他向城裡喊話時，閻溫卻沒有按照準備好的說辭開口，而是向城裡大聲喊道：「救兵馬上就到，大家堅持到最後啊！」

閻溫這樣的人，既然敢孤身一人出城送信，肯定早就把自己的性命拋在一邊了。

馬超得知後大怒，又問閻溫：「城裡是不是有想投降的人，人數有多少？」他之所以想知道這個，是想估算一下城中是否有可能發生叛亂。

閻溫仍然不為所動，一言不發。馬超沒辦法，最後殺了閻溫。而冀城軍民受到鼓舞，選擇抵抗到底。

有人說，閻溫的行為是愚忠。畢竟曹操遠在千里之外，閻溫再怎麼忠於曹操，後者也不會給他一官半職。因為曹操根本就不會知道有這麼一個小人物存在。

更何況，曹操是一個爭議很大的人物。今天也有人說曹操是一個奸臣，只不過生在亂世，才有機會創立事業。如果曹操生在盛世，很可能早就被處死了。

可是，我們也不敢想像，如果沒有這些忠義堅定的人，世界將會變成什麼樣子。忠誠、信義、勇敢無畏之所以受人敬仰，就是因為它們在歷史上稀少卻影響深遠。

歷史上還有不少像闔閭這樣的人。

西元三七六年，正處於十六國時期。北方的匈奴、鮮卑、羌族等民族由各自為戰逐漸趨於統一，北方形成了一個新的國家——前秦。

前秦的皇帝苻堅，此刻的勢力空前強大，整個北方都在他的手中。

這個時候，由三國末期的司馬家族建立的政權還在南方繼續生存，史稱「東晉」。

苻堅知道，現在的天下勢力，就是自己和東晉的南北對峙。至於誰能一統天下，還要透過一場大戰來決定。經過多年準備，苻堅集結了手下的全部士兵，準備糧草，等一切安排就緒，他便率領前秦大軍進攻東晉。

大軍圍攻襄陽城數個月，沒有任何進展。苻堅選擇開闢第二戰場，目的是使東晉的軍隊分心，從而削弱襄陽的防守力量。

於是，一部分軍隊將矛頭轉向了彭城，希望轉移東晉軍隊的注意力。隨後，襄陽被攻破，勝利後的苻堅大軍又將全部力量放在進攻彭城上。

彭城究竟有多重要呢？這麼說吧，彭城就相當於東晉首都建康的屏障，如果前秦把彭城拿下了，那麼建康就唾手可得。所以，東晉必須在敵人攻下彭城前，從建康派兵增援，並用一切辦法擊退前秦軍隊。不然彭城失守，建康就會受到極大的威脅。

謝玄臨危受命，帶著一萬多名精兵，緊急去支援彭城。而此刻，前秦軍隊正在沒日沒夜地發動攻城戰。在這個危如累卵的關鍵時刻，彭城內部如果出現任何意外，都有可能葬送全城，影響局勢。眼下最重要的事情是趕緊通知彭城的軍民，東晉不會扔下彭城不管，救援大軍已經緊急出發了。

於是，謝玄派田泓火速前往彭城傳信。可是，前秦軍隊早就把彭城圍了個水泄不通。不要說一個人，就是一隻蒼蠅也飛不進去。眼下只剩走水路這一個辦法。田泓的水性非常好，他向謝玄保證，就是死也會完成任務。此刻，整個彭城，甚至整個東晉的命運全都壓在田泓這位年輕人身上了。

其實，謝玄早就預見了田泓的結局，只是無可奈何，為了東晉的存續，他必須做出犧牲。果然，田泓還沒下水，就被前秦軍隊抓住了。

經過一番拷問，前秦軍隊知道田泓是來通風報信的，便想讓田泓給城中提供假消息，說東晉已經放棄了彭城，讓彭城軍民盡早投降。

田泓當然同意。不過，他在城下喊的卻是：「謝玄將軍已經率軍出發了，大家堅持住啊！」

話音剛落，一把屠刀就落在田泓的頭上，一條年輕的生命就此終結。他的事蹟，和一百多年前閻溫的故事何其相似。

彭城裡的人們，聽說謝玄即將率軍到達，群情振奮，準備抵抗到最後一刻。正是因為田泓帶來了援軍即將到達的消息，才讓彭城守軍提升士氣，真的等來了謝玄的軍隊，內外夾擊，順利擊敗了前秦軍隊。如果田泓貪生怕死，最後將假消息喊出來，導致彭城人心惶惶，無心作戰，前秦軍隊很可能攻破彭城，然後劍指建康，一路推翻東晉政權。

# 20 改變連坐法的無名氏

在一些歷史類影視劇當中，經常會出現一個詞——「誅九族」。這是最恐怖的刑罰之一，喻示著整個家族都要被殺光了。

在古代，一般來說，能夠被判處誅九族罪行的，都是一些政治犯，或參與重大叛變行動的人。在皇帝看來，這些人既然敢參與背叛國家的行動，就表示他們心中肯定不接受現在的國家或現有的制度，而他們之所以能夠形成這樣的認知，很可能是受到了家族中其他人的影響，在這種環境中耳濡目染，逐漸加劇了對現有制度的不滿。

另外，如果只殺掉政治犯本人，而不殺掉他的族人，那麼他的族人日後很有可能繼續造反。畢竟，一個家族中能產生一個政治犯，就能產生第二個，這個家族的整體價值觀可能和現有的制度相悖，仇恨也會繼續催發叛變。所以，為了日後的安全和穩定，古代皇帝認為誅九族是最好的辦法，即使這樣做會牽連無辜。

然而，「株連九族」和「誅九族」不同，別看這兩個詞就差了兩個字，含義可是天差地別。如果是「誅九族」，那麼你的族人一個都跑不掉，必須全部殺光。而「株連九族」，就有了很大的迴旋餘地。最主要的還是這個「連」字，可以理解為有關聯，有關係。但是具體有什麼關係，有多大的關係，就完全是另一套評價標準了。

總之，株連九族，相比於誅九族，有了更大的範圍，同時也有了更大的靈活性。統治者可以根據現實情況，來判斷家族當中的其他人是否和罪犯有關係，也就能在一定程度上避免無辜族人被殺的情況出現。

這種殘酷的律法在夏商周時期就出現了，當時的社會比較落後，法律也很粗暴。其實只要我們仔細想一想，就能大致猜到當時的社會情況。當時的人們，連飯都是吃了上頓沒下頓，根本就沒有幾個人認識字，更不用說瞭解法律是否合理有效了。所以，很多在現今看來很荒唐的律令，在古代卻延續了很多年，就比如連坐制度，它對社會的進步起到了抑制作用。

為什麼秦朝末期的農民起義鬧得那麼轟轟烈烈，很大一個原因就是罪犯的比例太高了，平民百姓稍不注意就會被連坐法牽連，當時的連坐法甚至不局限於有血緣關係的家族成員，鄰居、鄉親、地方管理者都會因為一點小事而被連坐，判為罪犯。

秦朝滅亡後，漢朝的漢文帝就對這個連坐制度產生了極大的質疑。他把朝廷裡的司法官員都叫來，大家一起開了個會。漢文帝的想法很明確：法律是人創造的，目的是讓百姓活得更好，不合理的法律就應該堅決廢除。

司法官員卻回答，法律的創立和廢止都要考慮現實環境。現在的老百姓素質太低，如果沒有連坐這樣的重刑，根本就不能讓老百姓對朝廷產生敬畏，這樣會導致整個國家的犯罪率提升。連坐法存在，他們在犯罪的時候就會考慮到家人，從而起到威懾作用。連坐制度是老祖宗傳下來的，實行了很多年，效果一直不錯。

然而，漢文帝並不這麼認為。他認為，國家的法律不合理，人民就沒有敬畏心。只有法律公正、合理，老百姓才能夠打從心底裡信服國家，信服法律。當官的以身作則，才能讓老百姓有個好榜樣。單單靠重刑恐嚇是解決不了問題的。重刑，只會逼著更多人鋌而走險，進而危害政權統治。

漢文帝能有這樣的想法，實在是難能可貴。古代的皇帝都是集所有權力於一身，想幹什麼就幹什麼，沒有人能夠限制皇帝的行為。處於生殺予奪隨心所欲地位的君主，能主動為百姓著想，有志向改變制度和律法的並不多見。

這也是古代要設立丞相的原因。皇帝是家族傳承的，不管你是否有能力，只要你生於帝王家，就有可能成為皇帝。換句話說，繼承制度無法保證皇帝的能力。但丞相並不是世襲，設立丞相就是為了確保永遠有一個明事理的聰明人待在皇帝身邊，幫助皇帝做出相對合理的決策。

西元前一七九年，漢朝正式廢除「**收帑諸相坐律令**」（《史記》卷十）。也就是說，一個人犯罪，家族中的其他人不會受到牽連，除非其他人參與其中，或真的有犯罪嫌疑。如果歷史就這樣走下去，可能冤假錯案就會少很多。結果到了西晉，連坐制度再次出現。

西晉頒布了名為《泰始律》的法律制度。這部法律吸收了儒家、法家、道家的內容，也參考了過去的部分律法，這其中就包括連坐法。

當時的雍州刺史兼西戎校尉解系和司馬倫一起出兵討賊。解系因為得罪了司馬倫的一個親戚，結果遭到報復，不僅自己性命不保，家族裡的人也都受到牽連，基本上被殺光了。

根據連坐法，解系的弟弟解結也要被殺頭，而他快要結婚的女兒，當然也在連坐之列。她本來要嫁入裴氏家族，裴氏家族想要救她，立刻向朝廷表示解結的女兒馬上就會成為自己家的媳婦，也就屬於裴家，與此前的家族無關了，希望能夠透過這樣的方式讓她逃過殺頭之罪。

然而，解結的女兒卻說：「我們一家人都被殺了，留著我一個人有什麼用呢？索性把我也殺了。」

這件事情傳得沸沸揚揚，幾乎每個人都在議論。一位有傲骨、有勇氣且深愛家人的女子，竟然要因為連坐法而被殺。她根本就和政治扯不上關係，實在是太冤枉了。

輿論持續發酵，居然給朝廷帶來了很大的壓力。其實也是因為民間對連坐法的不滿情緒累積到了一定程度，借著這件事爆發出來。如果朝廷放任不管，很有可能讓民間的反對情緒發展成起義叛亂。所以，朝廷召集群臣，重新修改《泰始律》中的連坐法，並規定「女不從坐」，也就是免除女性的連坐罪名。《晉書》對這件事做了記載：「**女不從坐，由結女始也。**」

對於連坐法來說，僅僅免除女性的罪，是遠遠不夠的。但在當時那個封建制度中，這已經是非常大的進步了。這種重大的改變，都是因為一名有傲骨的女子。但史書當中沒有記載她的名字，實在是一個大大的遺憾。

卷三

唐宋時代

# 平凡人見證的盛世與亂世

## 21

# 誰引發了玄武門之變

西元六一八年，李淵稱帝，國號為唐。

當上皇帝後，他不得不考慮繼承人的問題。自己辛苦打下來的天下，當然要好好選一個接班人，不然自己一生的努力就白費了。當然，不僅是皇帝在考慮繼承人的問題，皇子們私下裡也會明爭暗鬥，爭權奪位，甚至到了你死我活的地步。

在這場繼承人爭奪戰中，太子李建成和秦王李世民分成了兩大陣營。太子是嫡長子，在繼承制度中占據優勢，而秦王李世民戰功赫赫，個人能力與聲望皆十分突出，雙方可以說勢均力敵。這種時候，誰掌握了更多的資訊，就更有可能發現對手的弱點，從而擊敗對方。

正逢東突厥將軍阿史那郁射設率領數萬名鐵騎圍攻烏城，戰場就在現今的陝西省境內。消息傳回朝廷後，太子李建成和齊王李元吉都認為，這場戰爭能幫助他們徹底搞垮李世民。

李建成向父親李淵申請，讓齊王李元吉帶兵打仗。李淵對於太子提出的建議比較重視，很快便同意了，並命令右武衛大將軍李藝、天紀將軍張瑾等人一同支援烏城。

李元吉大權在握，作為前線的總指揮官，所有的軍隊與將領都要聽從他的調遣。他從李世民那裡調來了尉遲敬德、程知節、段志玄、秦叔寶等人，把李世民的精銳都抽空了，為的是削弱他的力量。

沒了兵權的李世民，自然成為待宰羔羊。太子李建成隨即和李元吉商量，趁現在找個機會殺掉李世民。

只要李世民一死，他手下的大將便會群龍無首，李元吉就可以在出征的過程中，隨時處決他們，這樣不會引起任何懷疑。如果李建成的計畫成功了，那麼歷史上，就不會有「玄武門之變」了。誰知，一個名叫王晊的人改變了局勢。

王晊是東宮率更丞，也就是跟在李建成身邊負責報時的小官。實際上，他是秦王李世民安排的臥底。他探聽到李建成的計畫，立即跑到李世民那裡，將李建成要暗殺他的消息告訴了李世民。

李世民聽到這個消息，雖然憤怒，卻沒有立刻暴跳如雷，提著刀帶著人去殺李建成。如果他真的那麼做了，就坐實了以下犯上、謀權篡位的罪名，會被天下人討伐。

自古以來，皇室中骨肉相殘的事情屢見不鮮。但這並不代表李世民不會受到外界的譴責與自我內心的煎熬。如果他為了奪權而殺掉李建成，就犯了同室操戈的大忌，會背上千古罵名。然而，一旦證明是李建成想謀害他在先，那麼自己的反擊就成了無奈之舉，也就不用再遭受良心的譴責。

對他心理的記載如下：「欲俟其發，然後以義討之。」（《資治通鑑》卷第一百九十一）也就是說，李世民為自己的行為建立了合法性，是敵人欲先發難，而我是被迫自衛。我不是惡人，不是沒有道義的強盜，也不是野心家，我是被逼反抗的正義之師，是討賊的正義力量。我和部下被李建成逼到絕路，已經不反擊不行了。

李世民營造出一種自己是受害者的情況，在未來會得到更多支持。這樣一來，他已經在道義上贏了一步。政變的合法性被製造出來後，李世民手下的將領義憤填膺，也下定決心，等李世民一聲令下，就與李建成開戰。

萬事俱備，出發之前，還需占卜一下此行的吉凶。李世民希望用天意昭示此次行動的成功，再次增強信心。

此時，府僚張公謹剛好從外面匆匆忙忙地跑進來，顯然他是來晚了。他一進門，就看見用來占卜的龜殼，他一氣之下拿起龜殼扔到角落，大喊起來：「左右搖擺、猶豫不決的時候，才會用這種虛無的占卜之術來做參考。現在都打算跟他們決一死戰了，難道占卜出來的結果不吉利，我們就能收手嗎？這時候占卜只會動搖軍心。」

於是，大計就此議定。欲控制天下，必先控制長安；欲控制長安，必先控制玄武門。這就是玄武門之變的由來。

後來，李世民殺死了自己的兄弟，逼迫父親退位，終於登上了皇位。在今天看來，李世民的做法並不光采，但就當時的情勢來看，或許他也沒有其他的選擇。不得不說，如果沒有王晊這個小人物及時通風報信，可能玄武門之變就不存在。

22

# 失職守衛成就了西天取經

唐僧西天取經的故事人們耳熟能詳，其人物原型玄奘也是家喻戶曉。

唐太宗在位時期，玄奘曾跋涉千山萬水，到達天竺境內，也就是今天的印度，學習經文。這是歷史上一次值得稱頌的壯舉，哪怕放在今天，用汽車作為代步工具，去一趟印度也很不容易，更不用說在條件艱苦的古代，孤身一人，靠走路和騾馬翻山越嶺，長途跋涉了，況且一路上還需要防禦極端氣候和猛獸襲擊。玄奘獨自走到了印度，實在令人敬佩。

更重要的是，玄奘走的不是直接向南的最短路線。因為他沒有任何裝備，靠自己是無法翻過喜馬拉雅山脈的，只能從西北繞過喜馬拉雅山脈，然後從北部進入印度，這使他的路程變得更加漫長。

讓我們從頭說起。法師玄奘對佛法的研究很深刻，曾多次外出講經。在講經的過程中，他發現了一個問題，各地的佛經翻譯版本都不同，對於佛經內容的理解也不同，久而久之，各地各派對佛經的理解差異越來越大，分歧也越來越多。

玄奘在長安遇到了一個天竺的高僧。他告訴玄奘，要想弄清佛經原文究竟寫的是什麼，就必須到佛教的發源地——天竺，天竺的那爛陀寺是佛學的最高學府，在那裡，你的疑問都會得到解決。

可是，在玄奘所處的年代，周邊國家戰亂不斷，普通人想要出境就必須得到官府的允許。對於玄奘的出國請求，官府遲遲不予答覆，這也是為了玄奘的安全考慮，當時是戰爭年代，如果他獨自出了邊關，遇到其他國家的軍隊，那肯定是凶多吉少。

那偷渡可不可行呢？首先，在大唐的邊境地區有很多關口。即便能夠偷偷通過其中一道關口，也會被後面的關口攔截，無法保證每一次的運氣都那麼好。另外，沒有朝廷的允許，就沒有正式的文件，到了其他國家也不會被放行，還可能被扣上間諜的帽子。真到那個時候，就算有一百張嘴也說不清了。

但玄奘認為，人的一生就這麼幾十年，如果自己再不動身，可能一輩子都不會達成心願。所以，年紀輕輕的玄奘獨自出發了。他要冒著被殺頭的危險，穿過邊境的層層關口，穿過茫茫大戈壁，抵禦寒冷，防禦猛獸，到達天竺。其中的艱辛不計其數。

玄奘一路向西走，來到了涼州，也就是現今的甘肅省武威市涼州區一帶。由於沒有正式的出國手續，都督李大亮不允許玄奘過關，命令他立刻返回長安。

玄奘不信邪，又繼續走了一千多里，來到了瓜州，即現今的甘肅省酒泉市境內，他打算從這裡偷偷出國。

李大亮早就料想到玄奘不會輕易放棄，在玄奘離開的時候，李大亮便下令各個關口嚴格檢查過往人士，千萬不能讓玄奘過關。玄奘前腳剛到瓜州，李大亮的文件也跟著到了。不過，瓜州守衛士兵被玄奘不畏艱險的精神打動，竟然假裝沒有收到文件，放玄奘過去了。

玄奘的運氣的確很好，下一關就是玉門關了，所謂「春風不度玉門關」說的就是這個地方。玄奘在這個地方竟然遇到了一個自己的崇拜者，他表示願意跟著玄奘一起出國，到天竺去取經。這是玄奘在取經路上收的第一個徒弟。明朝的吳承恩寫《西遊記》的時候，說不定就借鑑了這件事情。

這個徒弟對玄奘來說作用很大。徒弟熟悉當地的地形，帶著玄奘走水路，竟然成功地過了玉門關。

再向西走，就是茫茫戈壁，以及未知的危險，這個徒弟心裡打起了退堂鼓，最終離開了玄奘，理由是自己還有家室要照顧，只給玄奘留下一匹老馬。

在戈壁中還有五烽，也就是五座以烽火臺為核心的邊防站，是為了防禦外敵侵略而設置的。

玄奘來到第一道烽火臺時，就被守城士兵發現了。士兵的警惕性很高，看到玄奘就要立刻放箭。

玄奘趕緊大喊：「不要放箭，我是從長安來的僧人。」

守城士兵仔細一看，的確是個僧人，就把他帶回去，仔細盤查。這個時候，校尉王祥掌握了玄奘的命運。王祥上下打量，看玄奘的穿著不似普通的僧人，相貌出眾，談吐高雅，像是從大城市來的。

正當王祥猶豫不決時，玄奘倒先開口了。他問王祥最近是不是收到文件，提醒他們注意有一個要去天竺取經、叫作「玄奘」的僧人。

王祥一驚，回答道：「那和尚到涼州就被攔截下來，現在已經回去了。」

玄奘便拿出了自己的度牒給王祥看。度牒並不是通關文件，而是和尚的身分證。也就是說，玄奘雖然沒護照，但是有身分證，能夠證明自己是唐朝人。

湊巧的是，王祥是個信佛之人。他一看玄奘的度牒，知道玄奘從長安遠道而來，而且志向遠大，有完成自己宏願的勇氣和毅力，讓他十分佩服。

可是，王祥有命令在身，不能違反規定。於是他對玄奘表示：「你是僧人，我也是信佛之人，所以我很尊重你。這要是換成其他人，是可以立刻處決的。但今天我不會殺你，請你趕緊回到長安吧，沒必要去天竺受罪。」

玄奘的態度很強硬，哪怕是死，也要死在去天竺取經的路上。在沒有完成任務之前，自己是不會回到長安的。

最終，王祥心軟了。他不僅放玄奘過關，還給他置辦了行李和補給，同時給玄奘指了路。他說：「從這裡出發直接去第四個烽火臺，那裡的守衛和我一樣，也信奉佛教，尊重僧人，你就從那裡直接跨過邊境，大膽去天竺取經吧。」

玄奘按照王祥所說，通過了第四個烽火臺。

就這樣，玄奘歷經一波三折，總算走出了大唐的邊境，開始了他的西行之旅。最終，玄奘到達天竺那爛陀寺。他潛心學習，解決了心中所有關於佛法的問題，還帶回了很多佛經。

回頭望去，王祥也是促成此事的關鍵人物之一。如果王祥不是恰好信佛，或是個死板嚴酷的守衛，那他不僅不會讓玄奘過關，還可能殺死玄奘，也就沒有後面的這些故事了。

針對公開違反命令、放玄奘出關這一點來看，王祥屬於怠忽職守，肯定是有罪的。可是，玄奘出關後，帶回佛經和知識，促進了佛教的本土發展，還記錄了印度和西域的古代歷史，從這個角度出發，王祥的網開一面又是有歷史功績的。所以，還是要從不同的角度去看歷史，這樣才會產生更多面的認識。

23

# 五品小官征天竺

當年玄奘取經的目的地是那爛陀寺，位於戒日王朝的摩揭陀王國。「那爛陀」為梵語，意思是無畏施。當人身心不安、恐懼害怕時，布施能幫助人們消除恐懼。

玄奘精通當地的語言，又學識淵博，名氣很大。戒日王尸羅逸多對玄奘非常尊敬，同時對大唐也很感興趣，他向玄奘詳細詢問了李世民的情況。

玄奘毫不含糊，一字一句地說：「大唐皇帝平定大亂，建立太平盛世，征服蠻族，還寫了《秦王破陣樂》。」

戒日王尸羅逸多一聽，歎道：「這樣的大帝，我應該去往東方朝見，建立邦交。」

出一趟遠門不容易，戒日王把東天竺、南天竺、西天竺、北天竺四個方國組織起來，組團去唐朝朝貢，表達印度與唐朝交好的願望。

唐太宗接受了使團的覲見，禮尚往來，也派出一個使團回禮。使團的團長是上護軍李義表，他的隨行人員之中，有一個來自廣西的小縣令——王玄策。王玄策一輩子兢兢業業，總算小有成就。但在使團當中，他的地位很低，平平無奇，絲毫不引人注意。使團到達摩揭陀王國後順利完成使命，眾人參觀了當地的佛寺，在裡面立碑做紀念，隨後就馬不停蹄回到了唐境。

王玄策順利完成出使任務後，開闊了眼界，也攢下了功勞。四年後，他升遷至右率府長史，再次出使天竺。不過，這一次他已經是正使了，亦即團裡最高級的官員。

王玄策帶著副使蔣師仁，向天竺進發。這次他們的任務是文化交流，任務並不難，到天竺走一圈，面見幾位國王，蓋個章，就能回去覆命了。

到達摩揭陀王國後，使團成員受到了最高等級的接待。附近的幾個小國家聽說東方的大唐派人來參觀了，都趕緊將自己國家的寶貝送過去，希望大唐使團能夠帶回大唐，以示進貢。

沒想到，摩揭陀王國這時候出了亂子。曾經接待過玄奘的戒日王去世了，不幸的是，他沒有兒子繼承王位，使得各方勢力有了謀權篡位的機會，紛紛發動政變。其中，大臣阿羅那順發動軍隊，襲擊了王玄策的外交隊伍。王玄策的使團隊伍僅僅三十人，寡不敵眾，全部被活捉。當地幾個小國家送給唐朝的禮物也被扣押。

幸好戒日王的妹妹拉迦室利公主買通了守衛，把王玄策等人放了出來。當然，條件是請他們替戒日王報仇。

要是換作普通人，可能會立刻逃出天竺，返回大唐搬救兵，然後帶著幾萬人馬回來報仇雪恨。但王玄策打算當機立斷，當場報仇，不必等到以後了。

王玄策跑到吐蕃，發布檄文召集當地軍隊。當時，松贊干布已經娶了文成公主，與大唐交好，同意出兵幫助王玄策。另外，泥婆羅，也就是今天的尼泊爾地區，他們的尺尊公主也嫁給了松贊干布，和吐蕃算是親戚關係，同樣可以出兵援助。

就這樣，王玄策透過外交手段借來了兩支軍隊，殺回了天竺。這也能夠從側面反映出大唐盛世的風範——盟友眾多，而且都願意為大唐效力。

古天竺的軍隊中有一種象軍，戰鬥力非常強，一般的馬匹、騎兵根本不是他們的對手。阿羅那順憑藉象軍，暫時擊退了王玄策隊伍的衝鋒。

沒想到，不知道從哪裡冒出來五百多頭牛。這些牛身上著了火，瘋狂向象軍衝來。大象雖然勇猛，但是怕火，一看到火牛，立刻受驚奔跑，衝向了自己的陣營。

原來，王玄策早就知道象軍的威力，所以提前做了準備。他在泥婆羅借來的不僅僅是七千名士兵，還有五百多頭牛。他擺下了「火牛陣」，這是由戰國時期齊國的大將田單開創的高級戰術，天竺人聞所未聞，自然無法應對。

結果，大部分敵軍都被大象踩死了，王玄策大獲全勝，一舉攻破了敵軍都城。

阿羅那順跑到東天竺搬救兵，雙方又打了一場惡仗。這一次，作為副使的蔣師仁活捉了阿羅那順，但阿羅那順的妻子還在負隅頑抗。王玄策讓蔣師仁率軍襲擊，擊潰了敵人最後的防線，帶回來一萬多名俘虜、幾萬頭牛羊。

戰事似乎已經告一段落，但是在王玄策心裡，這件事還沒完。為什麼東天竺願意出兵幫助阿羅那順，是不是也有和大唐對抗的意圖？東天竺國君尸鳩摩得知戰敗，嚇得趕緊把幾萬頭牛馬送給王玄策，表示臣服。周圍的幾個小國也紛紛仿效。

王玄策興致滿滿地回到大唐，希望得到唐太宗的嘉獎。可是，他的戰績不僅沒有引起唐太宗的重視，而且朝廷上下對這場大勝利似乎都沒有什麼興趣。

因為天竺距離大唐太遠，大唐不可能派兵永遠駐紮在天竺。與其防禦天竺，不如防禦鄰近的國家來得實在。這一次，吐蕃和泥婆羅借著戰爭，趁機撈了一把戰爭財。這簡直就是扶持未來的敵人，實在是得不償失。

所以，史書上對於王玄策這個人的記載，可以說簡略到幾乎沒有。但不得不說，王玄策在天竺打的幾場仗贏得非常漂亮。大唐沒有出一兵一卒，僅靠著信譽和威嚴，就讓遠在千里之外的兩個盟友替自己打仗，也算是外交上的勝利吧。

王玄策回到大唐的時候，還帶回來一個天竺的方士。這個人說自己活了兩百多年，還懂得長生術。唐太宗病重的時候，卻因吃了這個方士煉出來的丹藥，沒過多久就去世了。因此，王玄策的影響不僅在疆域以外，也包括宮廷之內。

24

# 剖心明志的大唐胡人

唐高宗李治死後，他的兒子李顯即位，為唐中宗。實際上，在李顯繼位之前，他的母親武則天就已經完全掌控了朝政。這下可好了，母子二人成了政敵，都想把對方清除出權力中心，由自己真正掌管朝廷事務。

掌權的太后是有實力廢除皇帝的。武則天為了保住自己的權力，也為了保住武家的勢力，就廢除了兒子李顯的皇位，轉而立第四子李旦為皇帝，即唐睿宗。

不過，唐睿宗並沒有從此過著皇帝的生活。武則天充分吸取了李顯帶來的教訓，只要自己想繼續執政，就不能夠讓皇帝真正出現在眾臣面前，以免他號召大臣反對自己。所以，自從唐睿宗當上皇帝的那一刻起，他就被武則天軟禁起來了，根本接觸不到任何權力。

長年的宮廷生活讓武則天嚐到了掌控權勢的甜頭，她的家族也興旺昌盛、如日中天，但為了將權柄永遠留在自己手中，留在家族之中，她打算自己當皇帝。西元六九〇年，武則天稱帝，改國號為周，定都洛陽。國號之所以為周，是因為武則天認為武氏家族起源於周朝王室中的姬武姓氏，這也是為了打造武周政權的合法性。

武家登上皇位，李家必定會受到打壓。武則天登上皇位後的第一件事情，就是大力清洗李家人。只要還有一個李家人在宮廷中，自己的皇帝就當得不踏實。畢竟改了天下的姓氏，李家人聚眾反抗是必然的事，著名的《討武曌檄》就是這段時期創作的。李姓宗室的子弟不斷起兵，但都遭到鎮壓，武則天借此大殺李家人，還有無數皇族遭到流放。

可是，武則天再威風，她也要考慮繼承人的問題。自己死後到底由誰來當皇帝？還在軟禁當中的兒子唐睿宗是繼承人的候選之一，但武則天明確告訴他：「雖然你是我的兒子，但我留著你的性命只是因為你是前朝皇帝。殺了你，天下人肯定要造反，當然也會有損我的威信。所以你要認清現實，不要妄想從我這裡奪取皇位。」

武則天的大侄子武承嗣是最有可能繼位的，起碼機會要比唐睿宗大。然而，武則天還在位時，武承嗣就已經等不及了。他找了幾個刁民，讓他們聯名上書武則天，強烈要求立武承嗣當太子。與此同時，還造謠唐睿宗準備造反，好逼迫武則天殺了他，徹底斷絕李姓宗室重奪皇位的希望。

武則天對造反奪權的事極其敏感，特意創立了一種制度，鼓勵民間告密，只要被告發謀反的人，動輒不問青紅皂白就要被處死。她手下的來俊臣專門審理告發案件。來俊臣是個出名的酷吏，手段之殘忍，讓無數人心驚膽戰。這一回，唐睿宗也落入了來俊臣的手裡。

唐睿宗身邊有個叫安金藏的西域人，他的家鄉安息國在今天的伊朗附近。由於安息國歸順唐朝，安金藏的祖先也就來到大唐生活，在這裡扎下了根，綿延後代。安金藏很清楚，唐睿宗是不可能造反的，這一定是某個小人散播的謠言，自己必須為唐睿宗發聲。安金藏不怕酷刑，鐵了心地替唐睿宗說話。

來俊臣可不吃這一套，作為一名酷吏，這種事情他看得多了。所以對於安金藏激昂慷慨的訴說，來俊臣完全無動於衷。

安金藏沒有別的辦法，索性說：「你不相信我們的清白，好，我把我的心挖出來給你看看。」說著，安金藏拿出刀子，捅向了自己。

這一下可把所有人都嚇壞了。大部分的文人志士，談到自己的骨氣，往往都是耍嘴皮子。沒想到眼前這個人，竟然有膽量用刀剖開自己的胸膛。

在場的幾個人害怕起來，趕緊把安金藏送走就醫。唐睿宗造反事件的調查案，也因為這段插曲暫時告一段落。

武則天聽說有個叫安金藏的西域人替唐睿宗辯護，也深受感動，立刻讓御醫給安金藏醫治。安金藏也是命大，在當時的那種醫療條件下，竟然頑強地活了過來。

其實武則天也知道，唐睿宗造反肯定是個假消息。唐睿宗尚在軟禁之中，怎麼可能聯繫其他勢力造反呢？但既然有人提告，自己就不得不做出一些反應，現在終於有個臺階下了。經過這件事情，武則天放了唐睿宗和他的家人，不再追究。

唐睿宗的兒子李隆基，就是建立開元盛世的唐玄宗。如果說唐朝是中國歷史上最輝煌的一個樂章，那麼開元盛世就是樂章裡的最強音符。但假如沒有安金藏的挺身而出，李隆基可能也就不復存在，後來「三年一上計，萬國趨河洛」的盛世局面也不會出現。

# 25 誰殺死了安祿山

安祿山是引發「安史之亂」的罪魁禍首，很多人都有一個疑問，那就是他和楊貴妃之間的關係。按理講，一個是貴妃，一個是寵臣，兩人的交集不少，但據說安祿山有三百多斤（將近兩百公斤），這樣的體型實在是太胖了，估計楊貴妃壓根看不上他。

安祿山生性殘暴，而且很狡猾，這和他的出身有很大的關係。安祿山在突厥部落中長大，遵循弱肉強食的潛規則。為了能夠順利存活，並且活得舒適，安祿山必須變得狡猾。這種性格雖然不受常人喜愛，但對於一名頭長反骨的叛逆分子來說，卻是可遇不可求。

參軍之後的安祿山，憑藉著自己的力量優勢，建立累累戰功。之後又倚靠狡詐、圓滑的性格，一路高升，最後當上了御史中丞。

得到職位的安祿山知道，自己想要在這個官位上走得順利，走得長久，就必須和皇帝搞好關係。而想要讓皇帝開心，就必須投其所好。唐玄宗喜歡楊貴妃，對她是百依百順。所以，讓楊貴妃開心，也就是讓唐玄宗開心。

為了這件事，安祿山甚至認楊貴妃為乾娘。要知道，安祿山已經是一個四十多歲的小老頭了，而楊貴妃僅僅二十多歲。一個四十多歲的老男人認一個二十多歲的女子做乾娘，實在是太荒唐了。

不僅如此，安祿山還躺在地上，假裝自己是襁褓中的嬰兒。這荒唐的樣子讓楊貴妃笑得前仰後合。楊貴妃一笑，唐玄宗也跟著一起開心，還特意允許安祿山以楊貴妃乾兒子的身分進出宮闈。

安祿山和楊貴妃的緋聞也就是從這裡傳出來的。我們不知道楊貴妃是否會喜歡安祿山這樣的大胖子，但是安祿山討好楊貴妃的本事的確讓人佩服。

經過此事，安祿山嚐到了甜頭。他知道，自己只要讓楊貴妃開心，就能讓唐玄宗開心。唐玄宗一開心，他便官運亨通，權勢通天。

靠著討好楊貴妃的本事，安祿山的官職越來越高，權力越來越大，野心也就跟著一起瘋狂膨脹。在很長一段時間裡，安祿山利用手中的權力招兵買馬，擴張勢力。

西元七五五年，安祿山再也不隱藏了，直接和唐朝翻臉，這就是歷史上的「安史之亂」。唐玄宗沒想到，以滑稽荒唐供人取樂的安祿山，竟然有如此野心，而且他還真有能力。安祿山的軍隊無往不利，肆意侵略，就連皇帝也得躲避鋒芒，被迫離開都城，跑到四川避難。

在半路上，楊貴妃就被賜死了。簡單來說，就是保護皇帝的衛兵們認為，大唐的內亂都是因為楊貴妃這個紅顏禍水，如果沒有楊貴妃，安祿山就不會攫取權力，也就不會有現在的安史之亂。這群衛兵甚至威脅皇帝，只要楊貴妃不死，我們就不再保護你了。唐玄宗沒辦法，只能賜死楊貴妃。這就是馬嵬驛之變。

造反事業有成的安祿山，生活條件也上來了。吃得好了，身體也自然更胖了。據說，安祿山的體重高達三百三十斤（約一百九十八公斤）。《舊唐書》記載：「祿山肚大，每著衣帶，三四人助之。兩人抬起肚，豬兒以頭戴之，始取裙褲帶及繫腰帶。」安祿山的肚子大到需要在三、四個人的幫助下穿褲子，繫腰帶。其中兩個人替他抬起肚子上的肉都不行，還得有一個叫作李豬兒的人，用頭頂著安祿山的肚子，才能順利完成這個動作。

李豬兒從小就跟著安祿山混，長大後，他也就成了安祿山的貼身侍衛。按理說，就算安祿山不對李豬兒視如己出，也該重視及重用。沒想到，妻妾成群的安祿山卻整天擔心李豬兒和自己的妻妾偷情，索性閹了李豬兒。古代的醫療條件落後，安祿山親自下手，刀口開得太大，流血太多，導致李豬兒失血過多，差一點死了。

李豬兒就算內心再怎麼感激安祿山，也無法忍受這樣的侮辱，他隱忍不發，只是為了等待一個報仇的機會。

因為肥胖，安祿山也得了很多併發症，後背還長了膿瘡。由於這些併發症，安祿山的脾氣變得越來越暴躁，心情不好就拿手下人撒氣，時不時還要大醉一場，變得喜怒無常，這讓他手下的人非常害怕。

有一次，安祿山和屬下開會時，實在疼痛難忍，不得不提前終止會議。自己就要得到天下了，卻要忍受這種痛苦，這讓安祿山非常急躁，性格也越來越壞。這一次也不例外，他把手下的大臣嚴莊暴打一頓。

嚴莊以前可沒有遭受過這樣的皮肉之苦，更重要的是這讓他丟了尊嚴，於是嚴莊心裡產生了殺掉安祿山的念頭。

此時，安祿山大老婆的兒子安慶緒找到了嚴莊。原來，安祿山一直想立小老婆的兒子為接班人，這讓安慶緒心裡很不樂意，他也就顧不上什麼父子之情了，只想除掉阻擋自己獲取權力的障礙。

安慶緒和嚴莊密謀刺殺安祿山，兩人聽說李豬兒曾經受到安祿山虐待，內心一直存有不滿，就聯合李豬兒準備了一個計畫。

這一天，李豬兒趁著安祿山熟睡時，抽出匕首，對著安祿山的肚子捅了好幾刀，腸子流得遍地都是。在場的侍從都傻了眼，沒有人想到忠心的李豬兒會突然發難，也沒有一個人上前阻止，安祿山就此身亡。

沒有安祿山，叛軍群龍無首，很快就失去了凝聚力，開始走下坡路。西元七六三年，安史之亂結束。

李豬兒只是一個不起眼的侍衛，他刺殺安祿山之後便下落不明，史書上再也沒有他的記載了。但可以想像，沒有李豬兒，安祿山可能就不會死。若是安祿山沒死，那唐朝的歷史恐怕就真的要改寫了。

26

# 燕雲十六州因誰失去

桑維翰出生於晚唐，父親是個低級將領。他其貌不揚，身材矮小，臉長得像馬面。但是桑維翰並不覺得自己有多醜，甚至自我感覺良好，還立志成為一人之下、萬人之上的宰相。

正所謂「故天將降大任於是人也，必先苦其心志，勞其筋骨，餓其體膚，空乏其身，行拂亂其所為，所以動心忍性，曾益其所不能」。雖然桑維翰有信心，也有決心打拚自己的事業，但現實中的升遷之路往往不是那麼好走的。

桑維翰有多不幸呢？這麼說吧，桑維翰參加過科舉考試，成績不錯，但因為桑維翰的「桑」與「喪」同音，考官認為他的名字不吉利，就不予錄取。如果因為沒有真才實學而被考官拒絕，那也能夠理解。可是自己明明有才華，卻因為名字而落榜，這實在是荒唐。

為此，桑維翰鑄造了一塊鐵硯臺，上面刻著「硯弊則改而他仕」，表示自己一定會通過科舉考試當上官。除非硯臺被磨穿了，才會放棄考試。

桑維翰繼續努力讀書，打磨文章，不斷應考，經過長久的堅持，終於遇到可靠的考官，考取進士。後來，他在河陽節度使石敬瑭手下做了一名謀士。

石敬瑭是個有野心的人，想要自己當皇帝。但是他知道，僅憑自己的力量，根本不可能推翻當時的朝廷，必須借助外力才行。

此時，北方的契丹實力雄厚，成了石敬瑭首要的聯合對象。動身之前，他先詢問部下的意見。沒有人敢表態，推翻朝廷、聚眾起義根本就不是一件能輕易拍板決定的事。桑維翰首先站出來表示支持。

石敬瑭一看，竟然還有支持自己的人，他原以為手底下都是一些貪生怕死的膽小鬼。於是，他立刻讓桑維翰給契丹主寫信，桑維翰畢竟是個書生，文筆比較好。

石敬瑭對契丹表達的請求，主要有兩點：第一點，把燕雲十六州割讓給契丹，讓契丹支持自己建立後晉；第二點，請契丹和後晉結為父子之邦。什麼是父子之邦？就是石敬瑭對契丹主耶律德光自稱「兒皇帝」。

就在這封信送到契丹的同時，幽州節度使趙德鈞也給契丹主耶律德光送去了大禮，他表示自己也想要建立一個新朝廷，需要契丹的支援。趙德鈞還說，只要自己能夠建立政權，肯定會和契丹結盟。

為什麼同一時期有這麼多人想要自立為王，難道是巧合嗎？其實並不是。此時後唐已經破敗不堪，國力大衰，而分散在各地的節度使手中都有兵權，於是他們就開始打起了皇位的主意。現在，不管是哪一個勢力，只要得到了契丹的支援，就能夠在最短的時間內推翻朝廷。所以，多位節度使都致信給契丹主，希望契丹能夠支持自己。

石敬瑭得知了消息，沒想到其他節度使的想法和自己一樣。現在有了趙德鈞和自己競爭，與契丹聯合的結果就沒有定數了。他覺得，以眼前的形勢來看，書信已經無法表達他的想法與誠意，而且書信來往的效率實在是太低了，他需要派人與契丹主面談。於是，石敬瑭選中了桑維翰，讓他立刻出發去契丹的地界，想盡一切辦法說服契丹主耶律德光支持自己。

桑維翰來到契丹後，眼淚就沒斷過，他聲淚俱下地勸說耶律德光拒絕與趙德鈞結盟，最終打動了契丹主，契丹主不僅同意支持石敬瑭，還借兵給他。

有了契丹的幫助，石敬瑭如虎添翼。他帶著自己的人馬，再加上從契丹主那裡借來的士兵，一舉推翻了朝廷，成功建立後晉。桑維翰也就順理成章成了大功臣，身兼宰相、樞密院、翰林學士三大要職，權傾朝野。

桑維翰的出身不高，也沒見過大世面，現在他終於掌握了權力，就有點得意忘形了，平日裡非常高傲，與其他大臣相處不好。不過，他對於治國理政還是有一套的，為後晉提出了很多有幫助的建議。例如，一直在鄙視鏈最底端的商業，在後晉就得到了很大發展，而這都歸功於桑維翰的建議。

好景不長，有人看不慣桑維翰，向朝廷舉報他貪汙受賄。此事經查為實，真憑實據在面前，桑維翰無法狡辯。無奈，桑維翰只能提前告老還鄉，歸還烏紗帽，但好歹保留了性命。後晉給他的高官厚祿，最終煙消雲散。

然而，沒過多久，曾經扶持過後晉的契丹人南下，一舉滅亡後晉。雖然桑維翰已經沒有官職，但他曾經是後晉的高級官員，依然逃不過被俘及被殺的命運。

雖然桑維翰死了，但他所造成的影響卻延續了四百多年。因為石敬瑭要求契丹幫助自己推翻後唐，作為報答，他將燕雲十六州送給了契丹。在此之前，契丹的活動範圍一直都在燕雲十六州以北，可以說燕雲十六州一直是保衛中原腹地的屏障。如今燕雲十六州到了契丹手裡，他們便能輕鬆南下，長驅直入，中原從此不得安寧。此後，奪回燕雲十六州成了後世歷代君主的重要目標。

後來的周世宗曾在一個月內收復三州三關，但中途因病去世，北伐之事只能先告一段落。宋太祖趙匡胤也曾撥了專項資金用來攻打契丹，最終在高粱河這個地方敗給了契丹軍隊，那地方就在現今的北京西直門外，一千多年都過去了，現在還叫高粱河。

北宋的滅亡，也和燕雲十六州有很大的關係。直到明太祖朱元璋的時候，才順利收復了燕雲十六州。此時，距離石敬瑭的時代已經過去了四百多年。

桑維翰肯定想不到，自己的一次出使，竟然間接影響了這麼多大事。

27

# 滅亡南唐的落榜文人

南唐的末代君主李煜是著名的詩人，他的作品流傳至今，許多還被選入了課本教材。他的詩詞中，總是傳遞出一種隱隱的悲哀。這種悲哀並不像在抱怨，而是發自內心的無奈，比如「問君能有幾多愁，恰似一江春水向東流」。

舞文弄墨僅僅是李煜的副業，他的主業是南唐的皇帝。但從開局起，李煜面臨的壓力就非常大，形勢對他很不利。李煜登基的時候，北方的北宋已經建立，而此時的南唐國力空虛，每年還必須向北宋繳納大量貢奉。為了保住南唐，李煜想盡一切辦法。以南唐的實力實在不足以與北宋對抗，只能保持臣服姿態，每年繳錢換取平安。所以，李煜並不是皇帝，只能算是偏安一隅的諸侯、南唐小國的國君。

然而，金錢賄賂不足以打消北宋滅亡南唐的計畫，李煜不敢掉以輕心，在南唐修築大量防禦性城池，加固城牆，囤積糧草。如果北宋突然襲擊，希望以此抵禦宋軍的第一波進攻。好在還有長江天塹，為南唐多提供了一層保障。

可惜的是，後來長江天塹也被北宋攻破了，這與一個名叫樊若水的小人物有著直接關係。

樊若水是南唐池州人，祖上出過幾個當官的，因此算是個官宦世家的後代。由於自恃出身良好，樊若水自幼聰明好學，恃才傲物，總想著能夠走上高峰，登上政治舞臺。

但他多次參與科舉考試都沒有上榜。就像今天的一些人，平時肯下功夫，學習好，但是過於驕傲，不認真對待，結果考試成績總是不佳。樊若水考了很多次還是不中，索性就放棄了科舉，尋找其他路子。

他直接向朝廷上書，對南唐的國策提出了自己的建議，最後還附上了自己寫的幾首詩作。然而，他抄襲了古人的文句，例如王維的「大漠孤煙直，長河落日圓」，被他改寫成了「大漠孤煙落日圓」。

在那個年代，如果是個沒讀過書的普通人，還有可能會誇讚這句詩寫得好。但是李煜何許人也？他在政治上可能無所建樹，但詩詞歌賦方面可是信手拈來。李煜讀到了這句詩，心裡暗罵：「你這不是在愚弄我嗎？敢這樣輕視皇帝，能提什麼好建議？」他就這樣把樊若水的上書丟到一邊。

這件事情傳出去後，樊若水成了京城人的笑談，所有人都看不起他，這簡直是奇恥大辱。在南唐這片土地上，他根本得不到信任，也沒有人會同情他的遭遇。既然無人欣賞，不如轉換陣營。

在憤恨的驅使下，樊若水打算投靠北宋，轉過頭來滅了南唐。不過，話說回來，他在南唐都沒有得到重視，到了實力更為雄厚的北宋，會得到重視嗎？誰會看得起一個落榜書生呢？

雖然樊若水是個書生，寫的文章不怎麼樣，還喜歡抄襲，但他的腦筋不笨，真有些戰略眼光。他分析現在的局勢，北宋征服了五代十國的其他政權，唯獨還留著南唐，並不是不想攻打，只是因為宋軍實在跨不過長江這道天然屏障。畢竟，北宋軍隊裡都是北方人，水性不好，不可能在長江上和南唐打水戰。如何能讓北宋軍隊安然渡過長江，在陸地上進行戰鬥，這就是北宋君主最煩惱的問題了。

一個大膽的念頭在樊若水的心中萌生。北宋軍隊想要跨過長江，必須搭建一條足夠長的浮橋。這個方法，前無古人後無來者。因為長江風高浪急，普通的浮橋必然會被水流沖斷，以當時的生產力而言，這個問題實在難以攻克。

不過，樊若水在長江沿岸考察了一番，發現一個叫作「采石磯」的地方。采石磯又叫「牛渚磯」，與岳陽城陵磯、南京燕子磯並稱「長江三磯」。所謂磯，就是水邊突出的岩石或者石灘。因為這些石磯地勢險要，突兀江中，絕壁凌空，扼守大江水道要衝，歷來是兵家必爭之地。

在采石磯附近，長江的流向變成了南北走向，這個地方的江面比下游江面窄很多，方便架設浮橋。而且，宋軍只要在采石磯駐守，就能直接威脅到南唐的都城。

選好地點後，接下來就是具體實施的環節了。

采石磯附近有一座千年古剎——廣濟寺，樊若水裝成和尚混了進去。這個和尚不念經、不化緣，經常到長江邊上溜達，一來二去，就和長江邊上的士兵混熟了，於是他還能時不時坐著小船，到江中釣魚，實際上，他是吊著石頭測量長江各處的深度。

有了資料，就可以動工了。他向寺廟捐了一筆錢，假意要在采石磯附近建造佛塔，美其名曰為了保佑過往船隻的安全。寺廟住持當然全力支持，帶著一大幫和尚一起修建佛塔。樊若水此舉，是為了將佛塔當作浮橋的固定柱。

做好了一切準備，樊若水拋去偽裝，開始行動。他大半夜不辭而別，逃到了北宋都城汴梁，獻上「**江南可取，請造浮梁以濟師**」的平南之策，附上他親手繪製的〈橫江圖說〉。讀書人就是不一樣，連間諜材料的名字都取得如此高雅。

趙匡胤聽說了，立刻接見樊若水。

樊若水在南唐沒有得到的功名利祿，北宋都給了他。趙匡胤先讓樊若水參加科舉考試，隨後讓他擔任軍事推官。樊若水一直以來的夢想得以實現，自然是更加竭力地為北宋獻計效勞。他帶領宋軍攻下了沿江的幾個城鎮，包括池州、蕪湖等，最終在長江枯水的季節，指揮宋軍建造了浮橋，「三日而成，不差寸尺」（《智囊全集》）。

北宋軍隊渡過了長江，便可以大展拳腳，而南唐軍隊不堪一擊。宋軍一路打到江寧府，幾個月後，李煜投降，南唐也正式滅亡。

就這樣，樊若水用國家的命運，換來了自己的光明前途。十多年後，樊若水也走到了他生命的終點。這一年，王小波、李順起義，迅速攻占了幾個大城市。北宋的軍隊沒有抵抗的決心，四散而逃。五十多歲的樊若水作為西川轉運使，不但沒有組織像樣的平叛行動，反而在逃跑上非常賣力。

此時，執政的宋太宗得知這個南唐叛徒竟然逃跑了，非常生氣，立即給他發去了警告。沒想到，樊若水如此敏感，以為宋太宗要殺了他，便因為受不了驚嚇，暴斃而死。

或許正是因為樊若水背叛了自己的國家，即便北宋給了他官職和金錢，他也是名不正言不順的「貳臣」。所以，北宋自然不會看重他，他既然背叛過南唐，就有可能背叛北宋。

## 28

# 改變遼國命運的廚子

春秋戰國時代，刺客的事蹟很多，許多刺客都是冒充侍從、僕人、使者去接近刺殺對象，因為他們是貴族日常見慣了的服務人員，權貴們不會對其有防備之心。那麼，如果這些服務人員一時衝動，突然發起刺殺行動，能否成功殺掉一國之君呢？有一位遼國的廚子就做過這樣的事。

那個被刺殺的皇帝就是遼穆宗。

遼國的開國皇帝——遼太祖耶律阿保機去世之後，其次子耶律德光繼承皇位，為遼太宗。原本應該繼位的太子耶律倍逃到了後唐，後來被人害死。不過，耶律倍的長子耶律阮沒有跟隨父親逃亡，還留在遼國。雖然耶律德光痛恨哥哥耶律倍，但對侄子耶律阮還是很照顧的。

遼國曾經幫助後晉建國，沒過幾年，又親自滅了後晉。耶律德光領兵出征，耶律阮也跟著叔叔一起上了戰場。遼國打了勝仗，在班師回朝的時候，耶律德光卻突然在半路上暴斃而亡。一國之君死在征戰途中，這對遼國朝堂來說是個突發情況，尤其是事先沒有定下繼承人，這就給耶律阮創造了一個機會。

如果耶律德光死在遼國的國境內，那麼耶律阮是不可能繼承皇位的，但耶律德光偏偏死在遠征路上，他手下的眾多將領迅速推舉耶律阮登基，即遼世宗。這樣的一位半路皇帝，自然得不到遼國貴族的認可。耶律阮剛回到遼國，就受到了其他貴族的討伐。耶律察割找機會殺了耶律阮，想自己當皇帝；隨後，耶律德光的長子耶律璟，利用自己手中的權力平定了內亂，最終成為新皇帝，即遼穆宗。

雖然遼穆宗在政治鬥爭中取得了勝利，而且是耶律德光的後代，也算名正言順，但他並不是個有能力的皇帝。上臺之後，遼穆宗也稍微做了一些工作，那就是透過殺人的手段來鞏固自己的皇權。遼穆宗將反對自己的黨羽殺得差不多之後，遼國內部的政局趨於穩定，這位養尊處優的公子哥就心安理得地過著窮奢極欲的生活。他有兩大愛好：喝酒、打獵。這很符合遼國人的性格，遼國地區天氣寒冷，喝酒能夠禦寒，而境內廣闊的森林更是為打獵提供了天然林場。

可是，遼穆宗玩起來就沒完沒了。白天喝大酒，喝醉了就睡覺，一睡就是一天，因此得了個稱號「睡王」。爛醉如泥的時候還好，起碼安靜一點，但如果只是醉酒，沒有昏睡過去，他就會借著酒勁大耍酒瘋。有一次，他在醉後大大封賞了一百多人，很多毫無才能的僕從、隨侍，因此得到了很高的官職。朝中百官對此是哭笑不得，直呼兒戲。不僅如此，遼穆宗在醉後也會殺人。一個大權在握又意識不清的皇帝是非常危險的，很多人沒有犯任何過錯，卻被無辜枉害。

至於打獵，遼穆宗比誰都瞭解秋捺鉢之地，也就是現今的翁牛特旗松樹山自然保護區，他無所不至，山林各處都留下了他的足跡。

這樣的一位皇帝，自然不會得到全國人民的認可，而且遼國是個少數民族政權，由多個部落組成，歷來就有各部落首領輪流擔任國君的習俗。此時，其他部落的首領早就開始計畫謀權篡位了，誰下手快，誰就能得到皇位。而且，此時的遼國朝廷早已被遼穆宗搞得混亂不堪，沒有過去那麼強的政治能力和戰鬥能力了。

遼穆宗喜歡玩樂，荒廢朝政，但不代表他願意放棄手中的權柄。為了打擊異己，遼穆宗一方面大力提拔自己的親信，壯大勢力；另一方面，加大對朝廷輿論的控制，同時以殘忍的手段打壓其他部落的大臣，很多大臣就因為在公共場合議論朝政而被殺害。在遼穆宗看來，此舉能夠防止其他人冒出謀權篡位的念頭。

不僅對大臣如此，遼穆宗對身邊的人同樣殘暴。宮中有個侍衛叫作小六，有一次，遼穆宗喝多了之後，無意中聽到小六說了幾句「不當言論」，竟當場殺死了他。醉生夢死，不理朝政，還殺人成性，遼穆宗儼然成了一個瘋子。

遼穆宗對內殘暴，對外卻採取緩和的策略，甚至有些軟弱。後周多次攻打燕雲十六州，占據了很多土地。要知道，燕雲十六州是遼國出兵出力才從石敬瑭那裡換來的，現在卻被人侵占，怎能忍讓？遼國的大臣們都認為應該出兵給後周一個教訓，收回被占據的土地。結果，遼穆宗喝了點酒，說道：「我們遼國主要靠養牛養羊，有草地就足夠了，要那麼多土地幹什麼？他後周不是要土地嗎？那他儘管拿去好了。」這種態度實在是讓手底下主張開戰的大臣沒有辦法。

各種因素加在一起，注定了遼穆宗不會有好下場。幾代祖先用生命換來的家業，已經被這個敗家子敗得差不多了。

這天，遼穆宗一時高興，又去打獵。沒過多久，他就打到了一隻黑熊。獲得這麼大的戰利品，遼穆宗很開心，立刻下令讓廚子烹飪熊掌，準備配著熊掌喝點酒。可是，這時候已經是半夜了，生火煮飯是需要時間的，況且熊掌並不容易烹飪，總不能把半生不熟的熊掌端給皇帝吧？

喝了酒的遼穆宗等不及了，他大罵廚子動作慢，耽誤了自己喝酒，還揚言要殺掉廚子。廚子被嚇得不輕，趕緊把爐膛裡的火開到了最大，但這也沒辦法立刻煮熟熊掌。有鑑於遼穆宗過往的行為，既然他開口說要殺死廚子，那廚子認為無論是出自真心還是酒意，自己都難逃一死，內心害怕到了極點。

冷靜下來後，廚子心想，反正橫豎都是死，既然已經難逃一死，不如同歸於盡。這天晚上，抱著必死決心的廚子，聯合了幾個同樣打算反抗的夥計，拿著廚房裡的大菜刀，悄悄靠近睡夢中的遼穆宗，對著他的脖子就是一刀。果然術業有專攻，廚子的刀工就是精湛，只下一刀，就讓遼穆宗身首異處。這群人刺殺皇帝，不為權力、不為金錢，只是出於死亡威脅的恐懼中迸發的憤怒與反抗。殺死皇帝之後，他們也沒有逃跑，因為他們知道不可能脫罪，便集體選擇了自殺。

遼穆宗注定不會有好下場，但是誰都沒想到，一國之君最後竟然死在一個廚子手上。遼穆宗死後，遼景宗即位，他帶領遼國重新走上巔峰。從這個角度來說，這個廚子算是為遼國立了大功。

## 29

# 北宋巡邏隊隊長終結遼國不敗神話

尹繼倫是北宋的一個基層軍官，他的職務大概相當於現今邊防巡邏隊的隊長。別看尹繼倫已經到了不惑之年，依然還在一線戰鬥。這個一線是真正意義上的前線，也就是充滿危險的國境線，因為北方的遼國人隨時都有可能南下，帶來血腥的戰爭。

對尹繼倫來說，升官基本上是斷念了，能夠在軍旅生涯中安全地活下來就很不錯，哪還有別的想頭？即便如此，尹繼倫並沒有尸位素餐，消極怠工地混到退役，而是依然勤奮努力，一絲不苟，每天兢兢業業地帶隊巡邏，做好本職工作。

當時，北宋北部發生了饑荒，嚴重影響了國家的戰略。如果是小範圍受災，老百姓沒有飯吃，朝廷還有能力開倉放糧，救濟當地居民。一旦災荒是大面積、大範圍的，不僅當年糧食絕收，受災的老百姓餓得沒有力氣種地，到了第二年也沒辦法上繳糧食給國家。國家沒有糧食儲備，就無法供應邊防軍的糧餉，軍隊也無法保有戰鬥力。

飯都沒得吃，那憑什麼還要給朝廷打仗？三天不吃飯，隊伍就得散。饑荒帶來的一系列問題，深深困擾著北宋政權，朝廷必須在最短的時間內找到解決辦法，不然北方的遼國人就會趁這個機會打過來。

實際上，遼國人安插在邊境的間諜早就發現了北宋無糧的困境，立刻將此情報上報給遼國高層。遼國人一看，這可是千載難逢的好機會，馬上派軍隊出發趁火打劫。

為了防止遼人南侵，北宋第一時間調集過去儲備的軍用物資和糧食，讓大將軍李繼隆護送一千多輛糧車到邊境。此時，遼國還沒有採取軍事行動，眼看大批物資運往邊境，眼紅不已，發誓必須要把這批物資搶到手。

於是，號稱「宋軍毀滅者」的耶律休哥帶領遼國軍隊出發了。耶律休哥之所以被稱為「宋軍毀滅者」，是因為他曾多次和宋軍交手，戰績輝煌，甚至得到了遼國人的最高榮譽稱號——于越。這個稱號有多難得呢？這麼說吧，遼國兩百多年的歷史中，只有十個人獲得過。宋朝的小孩子要是不聽話，家長說一句「于越至矣」，小孩子便會立刻停止哭泣，渾身顫抖，生怕于越過來「教育」自己。所以，耶律休哥「宋軍毀滅者」這個稱號，實在是名不虛傳。

耶律休哥帶著遼國人馬跨過了宋遼的國土邊界，剛進入宋朝的土地，就遇到了尹繼倫的巡邏隊。尹繼倫放眼望去，遼國軍隊足足有幾萬人，而且騎兵占了大多數，自己只有千餘人，大部分是步兵。這要是打起來，自己這一方肯定是不占優勢的。恐怕用不了一袋菸的工夫，尹繼倫的兄弟們就會被對方擊敗。即使如此，這場戰鬥還是必須要打，因為這是為後方贏得時間的唯一方法。

尹繼倫早就做好了為國捐軀的準備，他與手下的幾千人攥緊了刀劍，準備隨時迎戰。誰知遼國人壓根沒理他們，騎著馬從他們眼前飛奔而過。

想來也對，耶律休哥的目標是李繼隆的糧草，而不是宋朝邊防軍。再說了，這種占據壓倒性優勢的戰鬥，即便打贏了也沒有什麼值得炫耀的。

然而，尹繼倫作為巡邏隊隊長，抱著和遼國人決一死戰的豪情壯志，結果遼人對他視而不見，這比戰敗還讓他氣憤。

為了一雪恥辱，尹繼倫把手下聚集在一起，分析形勢。他說，遼國人實在是太猖狂了，完全不把我們邊防軍放在眼裡，而且這群遼人的目標是我們的糧草。如果讓他們得手，我們大宋的邊防軍就沒有糧食補給，到時遼人長驅直入，威脅整個大宋，我們一樣會死於戰火，橫豎都是一死，不如此時為國捐軀來得壯烈。也不管什麼敵我懸殊了，我們就跟上這夥遼國騎兵，找機會跟他們打一仗。

兄弟們聽了尹繼倫的分析，覺得很有道理，義憤填膺地準備和遼國人死戰到底。但他們心裡也明白，面對比己方多十幾倍的遼國軍隊，勝利的希望實在是太渺茫了。

就這樣，尹繼倫帶著自己的手下緊緊跟著遼國人。見遼國人安營紮寨了，尹繼倫等人也在附近埋伏。

與此同時，李繼隆的先頭部隊也發現了遼國人的軍隊。李繼隆萬分苦惱，自己的護送隊伍不過一萬人左右，根本不是一線部隊，平時維護一下治安還行，要是真打起仗來，肯定敵不過遼國人的精兵強將。

夜幕降臨，尹繼倫看見遼國人的陣營裡升起了炊煙，知道他們開始生火做飯了，這是發動偷襲的好時機。遼國人做夢也不會想到，一支千餘人的隊伍竟敢衝入他們的軍營，而且正是他們吃飯的時候，遼軍沒有防備，一時亂了陣腳。

李繼隆也得到消息，知道有人正在偷襲遼國人的陣營。他立刻信心大增，不管偷襲遼國人的是哪支隊伍，跟著出手一定不會吃虧。李繼隆立即命令軍隊暫時丟下糧草，全部衝向遼國人的陣營。

先是千人小隊偷襲，後又有萬人大軍加入，接連的變化讓遼國人慌亂無措，根本無法判斷對方究竟有多少人，因此他們無法組織反擊，只能撤退。耶律休哥也受了傷，一路瘋狂逃竄。

「宋軍毀滅者」的神話，就這樣被一個小人物給打破了。

很久沒有吃過敗仗的遼國人，被這次重創徹底打怕了。三萬多人的軍隊，跑的跑、死的死，最後回到遼國的也沒剩多少了。在此之前，往往都是遼國人在戰場上占據優勢，宋朝人被打得落花流水。這一次卻風水輪流轉，遼國成了戰敗方，從此開始轉變對北宋的態度。所以，這次戰鬥也為之後澶淵之盟的促成奠定了基礎。

尹繼倫的綽號是「黑面大王」，雖然他出身不高，地位也不顯赫，卻讓遼國人真正認識到，經常吃敗仗的北宋也不是只有舞文弄墨的書生，更有懂戰略、英勇善戰，會耍刀槍棍棒的英雄。

30

# 誰促成了澶淵之盟

西元九八〇年到一〇〇四年間，北宋和遼國已經交戰了二十多年。雙方互有勝負，誰也不能滅亡另一方，這樣下去沒有結果，而且雙方都打累了，也都經不起戰爭的巨大消耗，開始考慮和談。

要是放在過去，遼國的祖先肯定不會答應與宋朝人和平談判。畢竟契丹是騎在馬背上的民族，靠遊牧和劫掠為生，哪裡富裕搶哪裡，搶完了就跑，誰也拿他們沒辦法。之所以現在開始考慮和平談判，是因為遼國的領土發生了巨大的變化。

自從得到燕雲十六州後，遼國就有了發展農業的基礎，生活方式隨之改變，大批遼國人開始進入定居的農耕社會，再也不用像以前那樣騎著馬到處跑了。解決了吃飯問題的遼國人，開始考慮戰爭是否給遼國帶來了實際利益。這麼一算，好像打了很多年，卻沒從北宋那裡得到多少利益，入不敷出，那還打什麼仗？太不划算了。

西元九九七年，宋太宗去世，宋真宗即位。遼國則處於遼聖宗和蕭太后執政期間，勢頭正猛。即便目前打仗對於遼國來說已經沒有多少利益，但此時正處於宋朝權力更迭，內部不穩定的時期，還是可以從中趁機撈上一筆的。

遼聖宗和蕭太后命令十萬大軍揮師南下，目的很簡單，擾亂北宋。能打則打，打不過就削弱對手的實力，實在不行，還可以利用停戰談判訛一筆賠款。

燕雲十六州尚在遼國人手中，北宋沒有這個屏障，仗自然就不好打。遼國軍隊一路高歌猛進，打到了澶州附近。如果澶州失守，北宋的汴京也會直接受到威脅。

宋真宗召集大臣，商討對策。大臣你一言我一語，有人提議遷都江寧，靠著長江，便於防守。有人說遷都益州，靠蜀道阻擋遼國軍隊。總之就是一個字：跑。大家都準備回家收拾行李了，結果寇準大喊一聲：「不可遷都！」

寇準的理由也很充分，現在遼國人已經打到家門口了，我們就算逃跑，也跑不過遼國的戰馬和騎兵。一旦被追上，必定死路一條。唯一的出路就是一個字：打。皇帝您御駕親征，我們一定能勝利。

但宋真宗並不認同。在他看來，只有跑才能夠保住大宋皇帝不落在敵人手裡。不然，大宋的前途就算完了。

寇準沒有辦法，只能把武官高瓊找來，讓他勸說皇帝。這帶兵打仗的人說話，和那些文縐縐的文官就是不一樣。高瓊直接表示：「現在遼國人已經打到家門口了，就算我們不想打也不行。只要皇上御駕親征，我們拚了老命也跟著您幹，但是醜話說在前頭，您要是跑了，就是棄軍隊於不顧，我可不敢保證手下這群士兵還能繼續效忠於您。」

宋真宗之前的皇帝都是從戰場上練出來的，帶兵打仗絲毫不在話下。但是宋真宗沒上過戰場，自然膽怯畏縮。但武官已經發話了，騎虎難下，他只能硬著頭皮上戰場。

宋真宗來到黃河邊，但就是不願意過河。寇準雖然著急，卻也不敢對皇帝發火，只能督促轎夫趕緊把皇帝抬過去。到了澶州，宋真宗也不露面，很多士兵都懷疑皇帝沒有親自來到前線，因此士氣不振。

寇準心裡著急，眼看遼國人就要攻城了，皇帝卻閉門不出，鬧得人心惶惶，他真恨不得用刀架著皇帝，把他逼到前線去。在寇準軟硬兼施地糾纏之下，宋真宗彆彆扭扭地走上了澶州的南城牆。士兵們一看皇帝真的來前線了，立刻士氣振奮。只要士氣有了保障，戰勝的機率就大大提升了。

此時，遼國統帥蕭撻凜帶著幾個人前來偵察。為了確保安全，這群人只敢在距離宋軍警戒線很遠的地方晃悠。

可惜的是，他們不瞭解宋軍床弩的射程和威力。這種武器有多凶猛、多強大呢？這麼說吧，一、兩個人的力量根本沒辦法拉動弓弦，至少需要四人以上，才能給弩箭上弦。擊發時，需要用一隻大鐵錘，猛地敲打機簧，然後「一槍三劍箭」就會發出震耳欲聾的巨響，咆哮著撕裂空氣，飛向它的目標。這就是北宋《武經總要》中記載的當時最先進的武器之一。

蕭撻凜的鎧甲在這支偵察隊伍中與眾不同，顯示出他不同尋常的身分地位。澶州城上有個大頭兵，原本正在寒風中瑟瑟發抖，心裡暗罵著遼國人。他觀察四面八方情況的時候，發現了不遠處的偵察隊伍，那個穿著與眾不同的人十分刺眼，就好像一滴顏料滴在白紙上。

大頭兵的身邊，正好有幾架床弩，手起錘落，床弩瞬間猛烈地震動起來。四、五張強弓同時擊發，三尺五寸長的巨型利箭射向了遼國的偵察隊伍。穿著打扮最特別的那個人應聲倒地。或許大頭兵自己也不知道到底射中了誰，他只是完成警戒敵情的任務罷了。

史書上記載，蕭撻凜中箭的位置在頭部。床弩的威力巨大，弩箭擊中蕭撻凜頭部的瞬間，足以令其斃命。別說是一個人了，就算是漠北草原上最強壯碩大的一匹馬，也受不了這樣的重擊。

弩這種武器在很早的時候就已經出現了。雖然弩的裝填和發射速度不如弓箭，但是精確度和威力卻更高，尤其是近距離衝鋒時，一輪弩箭射過去，就能夠給敵人帶來毀滅性的傷害。

在弩箭沒有出現之前，人們主要使用弓箭作為遠端武器。可是弓箭的殺傷力很有限，人們想對弓箭進行改裝，讓弓箭變成威力更大的武器。但弓箭的結構實在是太簡單了，沒有辦法進行改良，就算進行改良，威力也達不到預期的效果。

弩箭就不一樣了，相較於弓箭，弩箭有更複雜的結構能夠供人們設計改裝。例如，把弩放大，這樣威力更大。或者把弩連接在一起，組合成床弩，這樣一來，床弩就能夠一次射出更大、更多的弩箭，殺傷力也增長了不少。所以，床弩這種武器一般用於攻城。它發射出的「踏橛箭」，能成排成行地釘在城牆上，攻城兵士可以像登梯子一樣攀上城牆。由此可以想像，床弩的威力到底有多大。

遼國過去有好幾個「戰神」，如耶律休哥、耶律斜軫等，但他們都已經去世了，現在只剩下蕭撻凜一個大將，居然被宋軍的一個大頭兵給射死了，那這仗還怎麼打？曾經囂張跋扈的蕭太后不得不低頭，主動向宋朝表示出和談的意思。

雙方先讓低層級官員互相來往，算是開通了交流的管道。接觸幾次後，逐步建立了信任，就上升到高層級官員相互來往。代表遼國的官員叫王繼忠。王繼忠不是契丹名字，他本人也不是遼國人，而是宋人。當年，王繼忠是宋朝一方的將領，和遼國交戰時不幸戰敗，後來投降成了遼國的一員。

宋朝這邊一直以為王繼忠為國捐軀了，因為那場戰爭結束後，王繼忠下落不明，好幾年沒有音信，世人都認為他戰死沙場了。但誰都沒想到，這個消失許久的人竟然投敵了。北宋朝廷還追贈了王繼忠很高的官職，直到他代表遼國人過來談判，北宋朝廷才知道原來他沒死。

按理說，現在是宋朝在戰場上占了優勢，應該由宋朝提條件。可是宋真宗實在是打夠了，只想趕緊簽個和平協議，然後各回各家。他上前線都是被人逼著來的，早就受不了了。

寇準仍然是主戰派，他認為遼國人失去了大將，群龍無首，士氣低落，根本抵抗不了多少時間。如果現在放棄消滅他們的機會，恐怕他們將來還會捲土重來。再說了，燕雲十六州還在遼國人手裡，應該趕緊趁機收回。但不論寇準怎麼說，宋真宗就是聽不進去，只想一心促成和談，平息戰爭。

宋真宗派出級別很低的外交小官曹利用去和遼國人談判。出發前，宋真宗特意囑咐曹利用，可以不跟遼國人索要燕雲十六州，也不需向他們要錢，甚至我們還可以給他們錢。總之一句話，人家說啥是啥，條件任憑他們開，我就想要一個和平。另外，雖然可以給遼國人錢，但也不能給太多，只要不超過一百萬兩歲幣，我們都能同意。

這個任務其實很容易完成。宋朝本來就是勝利方，至少是名義上的勝利方，因為是蕭太后先求和的。勝利者不向失敗者索要賠款或疆域，反而倒貼錢款，這簡直是天大的便宜，遼國人怎麼可能不接受呢？

曹利用前腳剛出門，後腳寇準就追了過來，攔住他說：「剛才皇帝跟你說的我都聽見了，說賠款的底線是一百萬兩歲幣。這個百萬是皇帝的底線，但不是我的底線。你給我聽好了，只要遼國人要的錢最終超過三十萬兩歲幣，回來我就要了你的命。」

曹利用帶著兩個底線來到了敵營，參與談判，這份和談協定就是歷史上著名的澶淵之盟。可能是寇準給他的壓力太大了，也可能是遼國人心虛，願意退讓，最終宋朝給遼國的錢款還真的就被他壓在三十萬兩歲幣的界線上。

曹利用回來的時候，正巧宋真宗在吃飯，門口的小太監把他攔在外面。國家機密也不方便直接和小太監說，於是曹利用伸出三根手指，讓小太監進去通報皇上。宋真宗一看小太監伸出了三根手指，差點噴飯。我都說了底線是一百萬兩歲幣，好傢伙，這下子給我談定了三百萬兩歲幣？嘴都顧不上擦，宋真宗就趕緊跑去宣見曹利用以核實消息，明白不是三百萬兩而是三十萬兩歲幣後，他高興得又蹦又跳。後來，宋真宗還賦詩一首，慶祝自己給別人錢。

話說回來，澶淵之盟在歷史上非常著名，不僅是因為宋真宗的奇葩決策，作為戰勝方卻每年給戰敗方繳納大量賠款，稱之為歲幣；還因為在此之後，宋遼兩國近一百年間都沒有發生戰爭，長久的和平為兩國都帶來了發展的機會，尤其是造就了北宋經濟與文化的盛大繁榮。而促成這一切的，正是澶州城牆上的大頭兵和曹利用這兩個小人物。

# 31 北宋科舉因誰改變

在古代，一個平凡人想要真正名留青史，途徑往往就那麼幾種：要麼參軍，有了戰功之後得到官職，進而參與政治活動；要麼造反，自立為王，但是風險很大，幾千年來成功推翻朝廷的起義領袖，一隻手都數得過來，而他們手下的絕大多數人只會成為史書上一個模糊的數字。還有最後一個途徑：科舉考試。可以說，科舉考試是當時最公平的晉升途徑了。

可是，偏偏就是有那種屢次考試，又屢次落榜的考生，比如一個名叫張元的小人物。張元是出了名的運氣差，但這個屢試不第的白衣書生，最後竟然間接影響了北宋的滅亡。

北宋的經濟非常發達，相對來說軍事力量有些弱，這與北宋失去了黃河以北的土地有極大關係，失去了這片土地，就失去了戰馬的來源。而北方的契丹、西北的黨項等民族政權，能利用廣闊的土地來訓練戰馬，這使得北宋在戰爭中處於劣勢。

當然，北宋的滅亡也不只是缺少戰馬的緣故，還有諸如崇文抑武等其他因素，其中就包括張元的影響。

張元的原名叫張源。年輕的時候，他與吳久俠、姚嗣宗二人交好，結拜為異姓兄弟。張元是兄弟三人中最有才的一個，他寫的詩句「五丁仗劍決雲霓，直取銀河下帝畿；戰罷玉龍三百萬，敗鱗殘甲滿天飛」，氣勢磅礴，志存高遠，很難想像這出自一個落魄書生之手。從這首詩中，我們可以看到書生張元的野心和目標，他絕對不是泛泛之徒。

三人一同參加科舉考試，只有張元中了舉人，但是最後參加殿試的時候被刷了下來。張元並不是真的沒有學問，只是殿試的時候沒有發揮好而已。只可惜，沒有人認識到這個問題。如果北宋朝廷能夠提前知道張元日後所做的事，當時可能會毫不猶豫地錄取他。當然，歷史沒有如果。

西元一〇三四年，正處於宋仁宗時期，張元兄弟三人再次參加科舉，結果還是一樣，落榜了。這一次，兄弟三人算是徹底失望了。他們已經考夠了，不想再考了，科舉晉升這條路對他們而言走不通，必須另闢蹊徑。

前文提過，古代的快速晉升路徑就那麼幾種。現在最快捷、最公平的科舉考試行不通，只能再試試參軍這條路了。當時，黨項人的政權威脅到了北宋的疆土，大戰一觸即發。北宋在邊境部署了大量軍隊，張元兄弟三人就想投效邊防軍，碰碰運氣。

在張元兄弟三人心中，科舉考試需要長期的學習和準備，但是參軍只要出人就行，不需要帶任何東西。結果到了邊防軍將領的面前，幾個人面面相覷，都說不出話來。邊關將領也傻了眼，你們三個文人，就算能說會寫，但手無縛雞之力，怎麼上戰場？

軍營根本就不適合你們，趕緊回老家得了。

三兄弟又一次碰壁，灰頭土臉地回到家鄉，鬱悶得天天喝酒消愁。當官考不上，參軍也沒人要，真是對不起自己寒窗苦讀十幾年。有時候，兄弟三人喝醉了，就在大街上耍酒瘋，也做了一些違法的事情，被縣令抓住問罪。縣令見他們無所事事，每天喝酒，酒後還要鬧事，心生厭惡，命人拖出去一頓好打。

這頓毒打，倒是把三人打醒了。他們意識到，如果繼續留在北宋，可能一輩子也就這樣了。既然科舉、參軍兩條路都走不通，那就只剩下第三條路——反叛朝廷。他們決定投靠西夏。

此時，西夏還沒有稱帝建國，暫時還是北宋的臣屬。但是，明眼人都能夠看出來西夏的野心，此消彼長，北宋的實力變弱了，自然就得不到西夏的尊重。就以張元這件事來說，一個苦讀十幾年，有真才實學的讀書人，在北宋得不到向上晉升的機會，這樣的政權如何能昌盛持久？反觀西夏，正值招兵買馬之際，凡是人才，都願意接受且厚待。這也是張元等人敢冒險投靠的原因，他們賭的就是西夏的野心夠大，願意接收叛離北宋的人。否則，一旦北宋朝廷知道他們叛國，他們的家人肯定逃不過被抓捕和殺頭的命運，而萬一西夏為了維持君臣綱常而將他們當作罪犯或間諜處理了，那真是得不償失。但既然做出了選擇，就只能硬著頭皮去面對。

快到邊境的時候，兄弟三人中的姚嗣宗打起了退堂鼓，他實在是受不了內心的巨大壓力，就此離開。張元看前是夏州，後是北宋，自己正站在交界地帶，不禁為自己的前途感到迷茫。想想自己在北宋的遭遇，真是太悲慘了，往事湧上心頭，禁不住借景抒情，賦詩一首。詩的大意是：很希望自己像姜子牙一樣，遇到周文王這樣的明君，給他一個職位，讓他能夠一展拳腳，實現理想。

兩個宋人來到西夏，不可能直接見到西夏的君主元昊。張元想出一招——改名。原名「張源」的他從此改名為「張元」，而另一名兄弟「吳久俠」改名為「吳昊」，這樣一來，兩人的名字就犯了君主元昊的名諱。兩人在一個飯館吃完飯後，在牆上刻下了自己的名字，只要看到的人足夠多，他們就有可能被西夏士兵抓走，也就有可能借此見到高級官員或者國君。

雖然方法奇怪，但的確有效。果然，沒過多久，兩人就被抓住，並且被帶到了元昊的面前。張元絲毫不慌，說了一句：「姓尚未理會，乃理會名耶？」意思是，你自己連姓氏都沒整明白，還在乎我們犯了你的名諱？

這就要說一說元昊的姓名問題了。元昊自稱是拓跋氏的後代，祖先在北魏時期改用漢姓，也就是從此姓元；但在唐朝時，拓跋氏曾被賜姓為李；到了北宋，西夏就成了北宋的藩屬小國，又賜了一個趙姓。所以從某種程度上說，元昊姓什麼都可以，都能夠找到理由。反過來說，他好像姓什麼都不合適。

所以張元的意思很明確，你姓什麼都不由自己作主了，更不能追究我犯名諱的事。他的話戳中了元昊的心思，元昊不僅沒生氣，還給這兩個人賜了官職。後來，張元、吳昊二人在西夏一路升官，做過國相、太師、中書令，相當於進入了西夏的中央政府，成為掌握大權的核心人物。

張元兄弟倆的家人卻遭了殃。就像他們猜測的那樣，朝廷知道他們叛逃後，將他們的家人全部殺光。從此，張元對北宋朝廷只剩下憎恨之情，並決心和北宋一戰到底。

當下的形勢對北宋非常不利。西夏正在崛起，遼國的強大戰力已經形成，相比之下，北宋的實力就太弱了。

西元一〇三八年，元昊稱帝，國號為大夏，北宋方面不願意承認西夏政權的獨立，雙方爆發了數次戰爭。在正式議和之前，西夏對北宋的大小戰爭，基本上都是由張元一手策畫。張元幫著元昊連打了幾次勝仗，他在西夏的地位越來越高，國君元昊也對他越發倚重。

西元一〇四二年，西夏在定川寨之戰中再次大敗宋軍，張元認為應該繼續進攻，擴大戰果，但這一次元昊並沒有聽他的話，而是選擇退兵和談。元昊認為，如果繼續打下去，西夏的實力會被削弱，不如議和，獲取北宋的賠款。在這次議和中，西夏開出的條件是北宋每年要給西夏提供歲幣：絹十五萬匹、白銀七萬兩和茶葉三萬斤。

張元為此氣得生了病。他知道，如果元昊繼續打下去，獲得的就不僅僅是歲幣，而是北宋的土地。

議和之後，北宋上下意識到事情的嚴重性。一個小小的落魄書生竟然能有這麼大的能力，為什麼當年的科舉考試留不住這樣的人才呢？一定是科舉考試的制度出了問題。於是，北宋對科舉制度進行了改革，也就是「殿試無黜落」。只要能夠到殿試這個階段，就已經表示你有本事了，即便被淘汰也給個進士。這樣就能夠避免大量人才流失的情況再次發生，就算人才沒有立刻得到重用，也很少會流落到別國。

可惜改革已經太晚了，而且獨木難支。北宋面對的多方壓力持續增強，自身又犯了嚴重的戰略錯誤，實在無力回天，最終在西元一一二七年滅亡。

32

# 見證王安石變法的囚犯

西元一〇六八年，王安石變法的前一年，北宋登州有一個叫阿雲的小姑娘犯了重罪，本該被判處死刑。但案件的審理過程卻是一波三折、影響深遠，貫穿了變法全程，多方勢力接連登場，使得這位可憐的民女成了這場變法之爭的隱形見證者。

事情的起因是阿雲的婚事。阿雲很早就沒了父親，十三歲時母親也去世了，她只好寄住在叔叔家中。當時女孩子的法定結婚年齡是十三歲，而阿雲當時正好十三歲。她的叔叔並不想在一個養女身上花費錢糧，就想給她隨便找個人嫁了，自己還能賺一份彩禮。

一個姓韋的老光棍挑著幾擔糧食來到阿雲家，用這些糧食做聘禮，向叔叔求娶阿雲。叔叔沒有絲毫猶豫，當即就同意了。阿雲十分痛苦，十三歲的青春少女，卻要嫁給一個中年醜八怪，她心裡是一萬個不願意。但她一個女兒家，如何與自己的叔叔對抗？如何與老光棍對抗？她實在是一點辦法都沒有。走法律途徑？那時候告官哪有那麼容易，恐怕自己還沒到官府，就被叔叔給拉回來了。逃跑？一個十三歲的小姑娘能跑到哪裡去，就算不餓死，也還要面臨人口買賣等更大的風險。

萬般無奈，加上心智尚未成熟，阿雲決定殺死那個老光棍，這樣自己就不用嫁人了。她深更半夜提著刀，溜進老光棍的家中，對著熟睡的他一頓亂砍。阿雲畢竟還只是個孩子，力氣太小，只砍掉了人家一根手指頭。老光棍被疼醒了，阿雲嚇得立刻扔下刀就跑回家。

第二天，老光棍報了案。案情簡單明瞭，阿雲很快就被官兵抓走，她在大堂之上供認不諱，因為本來也沒有什麼可以隱瞞的。

由於老光棍已經提過親，而且阿雲的叔叔也表示過同意，所以阿雲的做法就等同於謀殺丈夫，按當時的法律是要被判處死刑的。死刑需要大理寺（也就是最高法院）的批准才能實行，所以這起案件就層層上報，由知縣遞交給知府，相當於由縣裡提交到了市裡。

當時的知府名叫許遵，他看了阿雲案件的詳情，不禁為她的命運感到悲哀，憐憫之情油然而生。他想要幫助阿雲，於是翻遍了北宋的法律條文，終於找到了一個辦法。阿雲的母親剛剛去世不久，所以阿雲還處於服喪期，按照大宋的律法，服喪期內締結的婚姻是沒有法律效力的。也就是說，阿雲雖然的確提刀傷人了，但定性並不是謀殺丈夫，而是對一般人的殺人未遂。另外，違反「喪期不可婚配」這條規定的人，需要蹲三年大牢，這樣就能把姓韋的老光棍和阿雲的叔叔送進牢房。

許遵上報之後，案件到了大理寺，大理寺的官員接受了他的意見，並做出了最後判決。雖然阿雲的婚約無效，但她依然是殺人未遂，按照大宋律法還是應該判處死刑。

許遵鐵了心要為這個素不相識的小姑娘辯護，他再次翻閱大宋律法，找到了新的辯解理由。阿雲被抓之後態度很好，相當於自首，這樣的人應該減輕刑罰。碰巧，同年大宋法律更新了這一條法規，意思大概是殺人未遂的人如果有自首情節，可以不判處死刑，只判處坐牢。

這條法規是皇帝親自頒發的。因為北宋法律的很多條款都是仿照前朝來編寫的，所以並不完全符合北宋的社會情況。有了新問題後，皇帝就會視情況添加新的法律條文，也就是頒布「敕」，作為法律補充。

由於「敕」是皇帝頒布的，地位要高於大宋律法，所以當「敕」和大宋律法發生衝突時，需要按照「敕」的條文判決案件。萬萬沒想到，大理寺官員竟然不顧皇帝的敕令，繼續維持原判，給阿雲判處死刑，而且還加快了案件的處理速度，將卷宗直接送到了刑部。

巧合的是，許遵也在這時被調到京城，而且正好擔任大理寺卿這個職務，也就相當於現在最高法院的院長。有了大理寺卿的權力，剛上任的許遵立刻修改了阿雲的判決結果。新官上任的第一件事居然是動用權力為一個民女改判，即便明知如此會招來非議。他這麼做不是出於私欲，而是因為淳樸的同情心，只是這麼做的代價比較大，幾乎算是賭上了自己的政治前途。

果然，這件事立刻就發酵了。當時的宋朝內部分為兩大派，一派是以王安石為首的新黨，另外一派是以司馬光為首的舊黨。新黨要求改革，而舊黨傾向於維持現狀，兩派人打得不可開交。

許遵就是新黨的人，他大力支持改革。然而，因為阿雲的案子，舊黨的人找到了針對他的機會。宋朝的御史臺相當於現在的監察部門，專門檢查大小官員的作風問題。當時御史臺就控制在舊黨的手中，他們馬上透過御史臺向皇帝上書，報告大理寺卿許遵枉法。

可能阿雲自己也沒想到，她的事能夠傳到皇帝的耳朵裡。宋神宗仔細翻了翻案件卷宗，也沒什麼頭緒，於是他把許遵叫來詢問具體情況。許遵如實敘述案情，把他如何從法條裡找出辯護理由的過程也一一說明。等他說完，宋神宗卻更為難了，他也不知道該怎麼辦。一方面，許遵的做法確實有道理，阿雲其情可憫，罪不至死，況且她也沒有造成多麼嚴重的後果。可是，作為宋朝監察部門的御史臺已經將這件事搬到檯面上，自己也不能置之不理。

宋神宗又叫來了兩大翰林，讓他們討論這件事情該怎麼辦。翰林，就是全國最頂尖的人才，真正的精英。不巧的是，這兩大翰林是死對頭。沒錯，就是王安石和司馬光。

司馬光就是小時候有著名砸缸事蹟的那一位，長大後的他是一個才子，有真才實學，後來寫成了巨著《資治通鑑》。司馬光是保守派，從小到大接受的都是傳統的儒家教育，善於發現問題，總結問題，解決問題，但舊有的規矩不能改變。在他看來，只要皇帝修心治國、賞罰分明，社會的問題就能得到解決。

王安石則是堅決的改革派。當年王安石寫了一封萬言書，提出國家之所以不富強，就是因為很多制度太陳舊，根本就不適合現在的大宋社會。想要讓大宋富強，就必須改革變法。

宋神宗也有變法的想法，他打算讓王安石放手去做。但司馬光這一派堅決反對，與王安石針對各種理論問題爭論不休。

到了這個時候，阿雲案子的判決結果已經不重要了，因為此案已經成了政治工具，不再關乎對錯、道德。王安石支持許遵，並不是因為真的同情阿雲，而是因為反對保守派。司馬光大力支持御史臺，認為阿雲應該判處死刑，也不是為了捍衛司法公正。

他們爭論的核心問題其實是王安石的變法能否繼續進行。如果保守派屈服了，就是做出了讓步，也就是默認了變法。而王安石如果支持御史臺，也就等於承認變法失敗。雙方必然無法達成一致。宋神宗是堅決支持變法的，所以也一心支持大理寺。舊黨人士也不願善罷甘休，自然是繼續追究，繼續上奏。最後，一個小民女的案子鬧得滿城風雨，幾乎所有部門都參與進來了，包括掌管軍事的樞密院。

面對亂成一鍋粥的朝廷，宋神宗只想迅速了斷這件事。他表示自己作為皇帝，有赦免罪犯的權力，現在就以皇帝特赦的形式，免去了阿雲的死刑，改判三十七年有期徒刑。

可能有人會說，三十七年的有期徒刑也很嚴重。但相比於死刑來說，這已經很不錯了，更何況阿雲的命運已經不重要，重要的是最終的判處結果，這決定了兩個派別的勝負。

王安石的新黨勝利了。阿雲的死刑被免除，改判有期徒刑，但不久後，宋神宗宣布大赦天下，阿雲得以提前出獄。

後來，王安石大力推行變法，新法開始在各地施行。然而，好景不長，變法之後，河南、河北遭遇大旱。當地的一名小官員畫了一幅〈流民圖〉上呈朝廷，畫中百姓流離失所的慘狀讓人動容。宋神宗看了也很驚訝，他沒想到新法並沒有庇護受災的百姓，反而加重了他們遭遇的悲劇。就連太后都哭著說：「安石亂天下。」

可是，旱災和王安石的變法又有什麼關係呢？王安石變的是俗人之法，而旱災卻是上天之災。這就是想著法子把罪名扣在王安石身上。誰叫你主張變法呢？現在倒好，老天爺發怒了，讓天下百姓都吃不上飯。更氣人的是，畫〈流民圖〉的官員說：「只要皇帝廢了新法，如果上天還不下雨，那就把我斬了。」

沒辦法，宋神宗面對這樣的情況也只能同意廢去新法。諷刺的是，三天之後，真的天降大雨。歷史，有時候就是這麼戲劇化。

王安石的變法到此就算是告一段落了。沒辦法，不是他不努力，而是天公不作美。王安石連續被罷免兩次，兒子也在鬥爭中死亡了。反觀司馬光，他寫完《資治通鑑》後就被召回宮裡，擔任宰相，他做的第一件事就是把王安石時期的新法全部廢除。

阿雲姑娘的命運，再一次被改寫。她被司馬光下令逮捕，最後梟首示眾。

可能在司馬光的心裡，「阿雲依然存活」就是王安石變法的影響一直存在，但他要這個影響被徹底消除。因此，阿雲的死為新法畫上了失敗的句號。

33

# 安葬岳飛的小獄卒

西元一一四〇年，岳飛率領岳家軍打敗了金軍主力。這對孱弱的南宋來說，是一個難得的勝利。多年來，宋朝在與金國的戰爭中基本上是一敗塗地。這次岳飛打了勝仗，鼓舞了朝廷上下，也堅定了宋人的反抗決心。

岳飛率領人馬打到了朱仙鎮，這裡距離開封不過四、五十里。此時的金軍已經沒有能力大舉進攻南宋了，金國大將金兀朮準備和南宋簽訂和平條約，但有條件，那就是「**必殺岳飛，而後和可成**」，意思就是說，你得先殺了岳飛，然後我再跟你們簽署和平條約。只要岳飛還在，我們金國就會繼續和你們打下去。

此時，許多南宋官員認為，勝利已經近在咫尺，只要皇帝大手一揮，就能直搗黃龍，收復失去的領土。然而，皇帝和另一些官員卻只想與金國議和，只要能平息戰爭，無論付出多少代價都可以。他們考慮的問題是如何處置在外打仗的將軍們。萬一那些將軍拒絕停戰，利用手中的兵權造反，那麼朝廷該如何應對？因此，南宋政府一方面商議和談，一方面召回所有在外打仗的將軍，這其中就有岳飛。

岳飛是個優秀的將領，心中只有徹底擊潰金軍這個目標。但他的政治嗅覺不夠敏感，他根本沒有想到，在接近勝利的時候，會接到朝廷撤軍的命令。這對於一位帶兵打仗的將軍來說是萬分痛苦的。宋軍死了多少人，費了多大周折，才贏得這場勝利，關鍵時刻卻要求撤軍，如果換成旁人，可能就帶著軍隊造反了。但岳飛忠貞不二，不可能反抗朝廷，無奈之下，岳飛只能撤軍。同時，聽令撤軍的將軍還有曾經圍堵金兀朮一個多月的韓世忠。

兩人回到臨安後，手中的兵權立刻就被收走，南宋朝廷給他們安排了樞密院的新職務。沒過多久，先是韓世忠遭到陷害，緊接著岳飛也被安上了謀反的罪名，扔進了大理寺的監獄。

與此同時，南宋與金國的和平條約《紹興和議》也簽署完畢。這份和平條約上面寫著，南宋要向金國稱臣，而且還要割地賠款。這根本就不是和平條約，而是金國繼續打壓南宋朝廷的政治手段。可是一心避戰的南宋朝廷已經管不了那麼多了，不論付出多少錢和土地都心甘情願。

西元一一四二年一月二十七日，正是除夕之夜，岳飛在大理寺的監獄中慘遭殺害。岳飛之死，天下共知其清白，而無人能救，堪稱千古奇冤。常年在血雨腥風的戰場上搏殺的岳飛，是個錚錚鐵骨的硬漢，他在死前曾面對諸多酷刑，卻始終不肯低下頭顱。在他的供詞上，只有八字絕筆：「**天日昭昭！天日昭昭！**」

那些人害死岳飛後，把他的屍體扔在大理寺的監獄中，隨後揚長而去。沒有人敢替慘死的岳飛收屍，因為人們都知道這是一場政治陰謀，誰敢出頭，就會被視為同黨，一併遭殃。因此，許多岳飛生前的好友都選擇落井下石，例如姚岳。

南宋剛剛建立的時候，姚岳跑到四川避難，後來考上進士，當了官。他與岳飛在宴會上相識，兩人相談甚歡，就像多年好友相見一般。

經過一番交談，岳飛覺得姚岳是個可塑之才。兩人不論是思想，還是行為都很投契，價值觀更是一致。姚岳也沒想到能夠結識大將軍岳飛，要知道，這兩個人的發展路線是完全不同的，岳飛是在外領兵的將軍，而姚岳則是舞文弄墨的文官。兩人能夠發展出一段友誼，實在是緣分的安排。

然而，姚岳顯然並不重視這段友誼。岳飛入獄後，姚岳不僅沒有出手相救，反而加入了誣陷岳飛的陣營，甚至還建議皇帝宋高宗將全國帶「岳」字的地名都改掉。

與姚岳形成鮮明對比的是一個叫作隗順的獄卒，他人微言輕，無力與政治家交鋒，卻心存正義，不忍看到岳飛這樣的忠臣遭到棄屍在外的侮辱。他甘願冒著生命危險，趁夜潛入大理寺的監獄，把岳飛的遺體偷偷揹了出來，帶到九曲叢祠旁埋葬。與此同時，他還取走了岳飛和妻子的定情之物——一對玉連環中的一隻，用來證明自己埋葬了岳飛，也為了將來能夠證實岳飛的墓地所在。

岳飛之死已經掀起了軒然大波，現在岳飛的屍體失蹤，又引發了更多的猜疑與議論。但沒有人知道，是一個小小的獄卒做了這件極其危險，卻又驚天動地的大事。

隗順把這個祕密深深埋在心底，就連自己的親人都不曾透露。他知道自己的做法會帶來危險，但這是正確的，他不在乎名垂青史，只想問心無愧。

時間飛逝，隗順逐漸老了，頭髮變得花白，身軀開始佝僂，步履蹣跚。直到臨死前，他才把此事告訴了兒子。隗順未了的心願只有一個：岳飛昭雪。

隗順讓兒子將這個祕密傳下去，如果真有一天，岳飛的冤屈得以平反，那麼隗順的後代就會帶著人們找到岳飛的墳墓，重新厚葬岳飛，讓英雄得到應有的待遇。

紹興三十二年（一一六二年），宋孝宗即位，岳飛的案件才得以平反昭雪，岳飛身上所有的罪名都被清除。宋孝宗還重金懸賞，尋找岳飛的墳墓和遺體。直到這個時候，隗順的兒子才敢把父親保守了一輩子的祕密告訴朝廷，並且憑藉岳飛的信物證明了自己所說的確屬實。

朝廷找到岳飛的墳墓後，按照一品官員的葬禮厚葬了岳飛。墳墓的位置，也就是現今的岳飛墓所在地，杭州西湖岸邊。此時，距離岳飛被殺，已經過去了整整二十年。

如果當時隗順沒有揹走岳飛的遺體，而是任其腐朽，或者任其被丟棄在荒郊野外，被豺狼野獸吞食，一位抗金英雄就會以屍骨無存而收場。要是隗順地下有知，知道了岳飛平反的消息，他該會多麼高興。

隗順只是歷史長河中一個普通得不能再普通的小人物，小到沒有生卒年月，史書對於他的記載，不過是一句話：「岳鄂王死，獄卒隗順負其屍，逾城葬於九曲叢祠。」幸運的是，我們知道了他的名字，讓他得以被世人銘記。

隗順沒有能力帶著千軍萬馬衝殺在前線，也沒有能力在朝廷中一手遮天，但是，他和英雄一樣，即便力量再微弱，也堅持在黑暗的世道中發出光芒。

# 平凡人引發的動亂與變革

## 元明清

卷四

34

# 元朝的外國太監

在漫長的封建王朝統治中，戒備森嚴的皇宮內院需要大量的服務人員，除了負責照顧后妃起居生活的宮女之外，也需要能幹力氣活，又能自由出入宮禁的太監。這個群體必須承受生理上的傷害，因此通常只有貧苦的社會底層才會為了生存而不得已為之，一邊忍受身體上的巨大痛苦，一邊承受社會輿論的排斥和貶低。如此說來，他們真是一群苦命人。

數千年來，中國到底存在過多少太監，已經沒有辦法統計。在這個龐大的群體中，苦命人占絕大多數，但因為基數太大，總會有那麼幾個「幸運兒」得到了晉升的機會，掌握權力，然後耀武揚威、不可一世，比如趙高、童貫、魏忠賢、李蓮英等。

在大家的印象中，太監是中國封建王朝獨有的產物，因此所有太監應該都是中國籍。其實不然，歷史上也出現過一些外國籍太監，例如朴不花，他是元朝文宗時期的人，一個來自高麗的太監。封建時代的王朝向來都有向藩國要宦官的傳統，這也算是宗主國的權利，朴不花就是這樣被高麗進貢到中國皇宮中的。他被淨身的時候才七歲，和他同一批進貢的僕役中還有一個叫作奇洛的宮女。這時的朴不花還不知道，這個在《元史．后妃．完者忽都皇后》中留有濃墨重彩篇章的宮女，對自己的未來產生了多大的影響。

和大多數人一樣，剛進宮的朴不花地位卑微，只能做一些髒活累活。繁重的工作和上級的欺凌，讓幼小的朴不花身心俱疲，還好來自同鄉的奇洛對朴不花十分體貼。兩個小朋友經常相互安慰，相互傾訴。朴不花當然也會經常照顧這個妹妹，在這冰冷的後宮中，兩個人相互依靠，關係越來越親密。

皇宮中的生活雖然勞累，但好過平民百姓生活的風吹日曬、食不果腹。沒過幾年，奇洛就長成面容姣好的大姑娘了。

很快的，奇洛因美貌被皇子孛兒只斤．妥懽帖睦爾看中，他發現奇洛不但生得美麗，而且性格溫柔，對人耐心體貼，十分討人喜歡。從此，奇洛獲得了皇子的青睞，青雲直上。沒過多久，孛兒只斤．妥懽帖睦爾登基稱帝，成為元朝的最後一位皇帝，即元順帝。出於對奇洛的喜愛，或許也因為她生下了元順帝的長子孛兒只斤．愛猷識理達臘，元順帝將她封為第二皇后，還將她的兒子立為太子。至此，奇洛一步登天，權勢到達了巔峰。

母憑子貴，奇皇后在後宮中的地位更加穩固，皇帝對她寵幸有加，後宮上下也都討好她，就連大皇后都對她十分敬重。飛黃騰達之後，奇洛並沒有忘記從小陪她一起長大的朴不花。兩個人的感情並沒有因為身分的巨大差異而變得淡薄，相反的，奇皇后以照顧小皇子為由，把好朋友朴不花調到自己身邊。

朴不花在奇皇后的興聖宮裡贏得了兩位貴人的青睞，一位就是太子的母親奇皇后，另一位是國家的最高統治者元順帝。有這兩位貴人做靠山，朴不花呼風喚雨的權貴人生從此開始。

在興聖宮中，朴不花主要負責照顧小太子的衣食起居。因為事情辦得漂亮，他時常會受到皇帝的誇獎。朴不花從小背井離鄉，生活在異國波譎雲詭的深宮內苑中，遭受其他太監的排擠和欺凌，早就養成了察言觀色的習慣，小小年紀就有很深的城府。因為他能說會道，善於阿諛逢迎，所以一旦擁有了接觸皇帝的機會，自然如魚得水、好運不斷，他很快就被皇帝封為榮祿大夫加資正院使，主要負責為皇后管理財務。

在元朝的行政機構中，資正院是負責管理財務的部門，可想而知這是一個肥差，朴不花很快就積攢了萬貫家財。

他用撈到的錢去討好奇皇后，穩固自己的地位。同時，他也不忘攏絡官員權貴，花錢買人脈，收了錢財的權貴們都覺得朴不花為人不錯，於是到處為朴不花說好話，散播好名聲。從此，朴不花的仕途越來越順遂。

元順帝是個不思進取的昏庸皇帝，沒過幾年就徹底喪失了鬥志，開始沉迷於酒池肉林，不理朝政，有時候，他甚至把一些國家大事交給朴不花處理，可見其對朴不花的信任。太子成年後，皇帝便把軍隊大權交給了太子，自己則退居二線，當一個甩手掌櫃。

太子從小依賴朴不花，成年之後也沒有改變，甚至還認朴不花為乾爹，真可謂荒謬。而朴不花的膽子也越來越大，甚至不顧滿朝文武的反對，堅持要任用自己的親信，即奸臣搠思監為丞相。他之所以力排眾議，讓搠思監當丞相，主要是因為他自己是個外國人，還是太監，沒辦法親自坐上丞相的位置，所以就安排了親信，目的是讓自己掌握實權。

朴不花位極人臣，隻手遮天，到了忘乎所以的地步，卻還不滿足，他還想盡快把自己的乾兒子扶上帝位，於是，竟然乾脆逼迫元順帝退位讓賢。

在得到朝臣的支持之前，朴不花不敢輕舉妄動，他先把自己的大膽想法告訴了另一位丞相太平。太平是個很謹慎的人，他聽完朴不花的遊說之後，沒有發表任何意見，態度讓人難以捉摸。於是，朴不花只好忍耐不發。

沒過幾年，太平丞相藉口年老，告老還鄉去了。這樣一來，朝中就只剩下一個傀儡丞相，朴不花再也沒有什麼顧慮，啟動了他更換皇帝的計畫。

計畫剛剛啟動，另一股政治勢力就對他激進的行為表示不滿，那就是以元順帝的舅舅「老的沙」為首的政治集團。老的沙是皇親國戚，自然不怕朴不花這個外鄉人，他帶領許多官員與朴不花的勢力抗衡。

西元一三六三年，兩股政治勢力的矛盾終於無法調和，徹底爆發了衝突。老的沙一黨的官員相繼彈劾朴不花密謀篡權奪位，在確鑿的證據面前，元順帝也保不住朴不花，他因此被罷免官職。奇皇后見朴不花受挫，立刻出手，利用自己的影響力對老的沙等人實行打擊報復，並且成功地把老的沙封為雍王，貶到外地去了。

沒了政治宿敵，朴不花在皇后和太子的幫助下官復原職，還加封了集賢大學士和崇政院使等官職。東山再起的朴不花得意忘形，打算繼續實行計畫，扶持太子奪取皇位。但老的沙也不是省油的燈，被貶之後，他尋求手握重兵的孛羅帖木兒幫助，獲得了他的軍事支持。這下子，朴不花開始害怕了，他擔心這些人有一天會帶著重兵殺回來，那他將死無葬身之地。於是，他便向元順帝誣告老的沙謀反。元順帝聽信了朴不花的一面之詞，連調查都沒做，就撤了孛羅帖木兒的軍職，把他發配到四川。

孛羅帖木兒當然不能接受這無端的懲罰，而且元順帝的荒唐行為早已引起了其他蒙古宗王的不滿。於是，他們紛紛出兵與孛羅帖木兒會合。孛羅帖木兒實力大增，隨後帶領二十萬大軍直逼元大都，以清君側為名，要攻打都城。

元順帝這才慌了手腳，派人前去談判。蒙古宗王們答應退兵，條件是元順帝下詔宣布孛羅帖木兒無罪，並交出朴不花和搠思監。在這種情況下，奇皇后和太子再如何偏袒朴不花也沒有用，元順帝為了保住自己，交出了朴不花和搠思監。這兩個人隨即被孛羅帖木兒處死。

雖然朴不花死了，但是他帶給後人的影響還沒結束。就在孛羅帖木兒出兵攻打大都的時候，飽受欺壓的老百姓開始趁機反抗。先是南方爆發起義，然後蔓延全國，各支起義隊伍逐漸積累實力，其中就有後來明朝的開國皇帝朱元璋的隊伍。元朝內部的混戰還沒有結束，農民起義軍就已經勢不可擋，給了元朝統治致命一擊。

政權危在旦夕，元順帝卻沒有思考如何力挽狂瀾，而是想著如何推卸責任。他厚顏無恥地對奇皇后和太子說：「我大元的江山，就是毀在你們母子手中的。」

其實元順帝心裡清楚，元朝是因為自己荒於朝政，導致朝廷內部混亂，直至國家實力大大衰弱，變得不堪一擊，才亡於起義軍隊之手。當然，那個來自高麗的小太監在元朝滅亡一事上，確實起到了催化劑的作用。

朴不花死後沒多久，元朝的朝廷與貴族們就被朱元璋趕到漠北草原深處，史稱北元。元順帝在那裡又當了兩年皇帝才去世。

# 35 假欽差鬧劇

鼎盛時期的元朝，國土面積曾經橫跨亞歐大陸。但是蒙古人擅長打仗，卻不會治理國家。僅僅九十多年，元朝的統治就終結了。要知道，清朝的康熙皇帝在位時間就長達六十多年，可想而知，九十多年對於一個政權來說是多麼短暫。不過，時間雖然不長，元朝時發生的事情卻很精彩，駭人聽聞的故事層出不窮，例如普通人「假冒欽差大臣」的事件。

俄國有一部由戲劇大師尼古拉．果戈里創作的經典諷刺喜劇小說《欽差大臣》，講的是一八三六年時，一位芝麻小官冒充欽差大臣在偏遠地區招搖撞騙的故事，揭露了官場的醜惡腐敗。這本小說改編的話劇一經上演，就引發了巨大的社會迴響。當時的沙皇尼古拉一世看完後差點氣死。此後，這部戲劇被改編成數個版本，在隨後的兩百多年中受到了無數人的追捧。

中國則是領先了世界潮流五百多年，這個故事早在元朝統治下的河南開封就真實地上演過。藝術來源於生活，現實版的「假冒欽差大臣」比戲劇更加精彩，更加匪夷所思，更加沒有邏輯道理可言。

范孟（又名范孟端）出身於河南杞縣的一戶貧苦人家，長大後，他靠自己的努力當上了京城御史臺的小吏。儘管出身貧寒，范孟對金錢和權力的渴望卻很強烈。但他的事業始終沒能進步，官場黑暗，他越是努力爭取，越會遭到他人的排擠和陷害，最終一路被貶回家鄉，做了一個芝麻大的小官。

由於元朝的監察體制很鬆散，在地方做一個小官，反而比京官有更多的機會撈油水。但范孟毫無背景，根本就沒有機會為自己謀利，只能困在當時的位置上，忍受繁重的工作和微薄的俸祿，日子過得越來越艱難。

在這樣的惡劣狀況下，什麼好事都輪不到他，各種髒活累活卻都是他的，所謂「否極泰來」只是一句空話。以至於人到中年，他空有滿腔抱負，卻一事無成，最後只能像《水滸傳》裡的宋江那樣，寫詩來抒發內心的惆悵：「人皆謂我不辦事，天下辦事有幾人？袖裡屠龍斬蛟手，埋沒青鋒二十春。」一首詩道盡滿肚子的牢騷。

很快的，他迎來了人生轉機。他以前的御史臺同事被調任到河南當御史，憑藉過去的交情，在好友提攜之下，范孟終於得到升遷，被調到開封擔任行省掾吏。這對於坐了二十多年冷板凳的范孟來說，算是意外之喜了。

可是還沒高興幾天，范孟就遭到了現實無情的打擊。原來這官職只是一個有名無實的空殼。更過分的是，由於元朝政府行政效率極其低下，雖然他得到了提拔，但是俸祿卻沒有絲毫改變，被政府白白拖欠了好幾個月的工資。做官也得吃飯，為了這一點銀子，范孟跑斷了腿，到處求爺爺告奶奶，始終也沒有得到解決。他覺得一定有人私吞了自己的俸祿，才讓他陷入如此困境。事情發展到這個地步，范孟再也不能忍耐，發出了「**我必殺若輩**」的怒吼。

他說的「若輩」僅僅是那些私吞錢財的官吏嗎？並不是，他要殺的是一省之內所有曾在他頭上作威作福的狗官。口氣雖大，但范孟真不是說說而已，他已經在腦海中策畫出一個瘋狂的計畫。

光憑范孟一個人是絕對行不通的，他找到好友霍八失等四人，把自己的計畫和盤托出。他說，在冬至夜那天，官員們一定會大擺筵席、胡亂吃喝。這時，你們幾個去行省的中堂冒充京城來的欽差，然後由我把他們騙到中堂。這時候大家一起動手，宰了這些狗官。

這麼簡單的計畫，就想殺死一個省的首腦官員們。這能成功嗎？

元朝至元五年（一三三九年），計畫如期實施。當這些高官依次就位，吃著美食，喝著美酒，好不快樂的時候，范孟急匆匆闖了進來。他表現得慌張無措，說欽差大人突然造訪，請他們趕快去參見。不會有人敢在這麼大的事上開玩笑，因此在場官員都深信不疑，趕快放下碗筷，跟著范孟去見欽差大人。到了中堂，范孟等人拿出早就準備好的凶器，對著這些官員就是一通亂殺。慌亂之中，好多人倒在血泊裡。

後來有人統計過，上到河南行省平章月魯不花（從一品）、河南行省左丞劫烈（正二品），下到河南行省總管撒思廝（正三品）、河南行省萬戶萬者不花（正三品），甚至包括都事拜住（從七品），幾乎所有品階的官員都被一網打盡，一個不留。

這個還沒完，冒充欽差的霍八失繼續他的扮演遊戲，任命范孟為河南都元帥。之後，范孟就自己領頭，在全省展開復仇計畫。他頂著都元帥的名頭四處巡查，不斷斬殺違抗自己命令的地方官員，甚至私自調兵遣將，封鎖了河南行省與外界的一切交流，還衣錦還鄉，舉行祭祖儀式，過了當土皇帝的癮。

河南行省地處中原腹地，歷來都是國家很重要的部分。這麼重要的地方竟然被范孟等人輕易地據為己有，更可笑的是，得知消息的京城大官們還不知該如何應對。到底是要招撫他，還是要出兵剿滅他，官員們意見不一，拖拖拉拉地遲遲下不了決定，任憑范孟等人在河南胡作非為。

當時河南行省的省宣使馮二舍察覺這幫人似乎來路不正，一番打探之後，確認他們是假冒之徒。馮二舍當機立斷，出兵將這夥人通通逮捕，乾脆俐落。這時，朝中官員還在相互推諉，但這場並不棘手的鬧劇卻已經被地方自行解決了。

然而，中央朝廷的官員對自己人下手倒是迅疾如雷。他們借著假冒欽差一事的由頭，開始徹查河南行省的上下官員，不僅大興牢獄，還借機敲詐勒索，朝中大臣各個賺得盆滿缽滿，被錯殺的無辜之人達數千之多。

這麼一個荒唐的鬧劇，竟然以更荒唐的局面結束，實在讓人匪夷所思。

在當時的監察體制下，發生這樣的事一點也不奇怪。元朝自建立以來，就受到腐敗問題的困擾。到了元順帝期間，朝野上下更是爛透了，官員尸位素餐，中飽私囊，別說為民請命的理想，連規則法律都不復存在。范孟被拖欠工資這種小事，在當時的社會裡司空見慣，根本無足輕重。

元朝的政治腐敗到了什麼程度呢？用明朝文人葉子奇的話來說，就是拜見官員要送錢，節日要送錢，訴訟也要送錢，各級官員都對百姓剝削無度。

在這樣的政治環境中，當官的目的只有發財，上司是誰不重要，上司存在與否也不重要。因此，上級官員調查假欽差事件時，完全沒有想過要整治政治制度，反而把這件事當作一次撈油水的好機會，這從側面表現了元朝政治制度的腐朽。此後，元朝陷入了無休止的農民起義，也就不足為奇了。

這次的假欽差鬧劇是元朝滅亡的序曲，范孟的小丑表演雖上不得檯面，卻也揭露了複雜的歷史因果。

# 36 誰讓明朝失去了遼東

萬曆皇帝剛登基的時候，遼東還是明軍練兵的地方。在遼東戰場上，明軍所向披靡，實力碾壓任何敵人，包括萬曆朝鮮戰爭時期，明軍在東北亞地區也不曾示弱。

高淮本來是一個京城混混，看到身邊的狐朋狗友都發了財，他也眼紅，為了求個富貴前程，選擇進宮成為一名太監。對於治國理政，高淮是一竅不通，但是奉承和溜鬚拍馬他最拿手，就靠著這點趨炎附勢的手段，他逐漸爬上了尚膳監監丞的位置。他費了這麼大力氣，就是為了撈錢。

很快的，高淮就把目標轉到礦稅使這個職位上，這是萬曆皇帝親政之後增設的，目的是讓宮裡的太監們去地方開礦收稅，增加宮裡的財政收入，結果被許多太監當成了撈油水的捷徑。

高淮主動上奏，稱遼東地區有錢，也有礦，資源很多，像這樣的寶地必須盡快開採。他把遼東地區誇得天花亂墜，目的只有一個——讓皇帝派自己當遼東的礦稅使。

萬曆皇帝原本沒考慮過發展遼東地區的業務，如今聽這小太監一說，好像遼東的確很富庶，從前怎麼完全沒注意到呢？那就由你高淮去遼東採礦吧。

就這樣，高淮帶著萬曆皇帝的任務，風風光光地前往遼東地區。一路上，高淮也沒閒著，走到哪裡，錢財就徵收到哪裡。他一方面瘋狂斂財，一方面把錢往萬曆皇帝那裡送。此舉就是為了讓萬曆皇帝相信，遼東地區是真的富庶，派我高淮當礦稅使是正確的選擇。

然而，高淮以前是個混社會的小混混，對於開礦是一竅不通。但他有自己的一套理論，他認為，我是來收礦稅的，又不是非得開礦。不管有礦沒礦，收多少錢，收誰的錢，還不是我自己說了算。高淮動用礦稅使的權力，他說哪裡有礦，哪裡就必須繳稅。方法粗暴，但收益又高又快。短短兩年間，高淮一共上貢白銀三萬多兩，還有無數貂皮之類的土產，至於他自己敲詐勒索了多少銀錢，雖不得而知，但也可以想見。哪怕從他數額巨大的貢品中抽取九牛一毛，也足夠普通百姓生活幾百年了。

面對高淮的獅子大開口，遼東當地的鄉紳們自然不願意繳錢。我們祖祖輩輩在這裡生活幾百年了，也沒聽說過像你這樣巧立名目收稅的，這不是打劫嗎？

高淮真的就是來打劫的，對敢於反抗的大戶，他就派人敲詐勒索，甚至誣告他們，抓人下獄。總之，不管用什麼方式，這錢他一定要弄到手。士紳們求告無門，只好妥協，與其讓自己或家人遭受牢獄之災，還不如順從地給錢了事。

就這樣，整個遼東的經濟基礎被高淮挖空。當然，遠在皇宮的皇帝並不知道遼東的具體情況，還以為遼東真的如高淮說的那般富庶，能夠源源不斷地把錢送到宮裡來。所以，萬曆皇帝打算大大地嘉獎高淮。

高淮有了錢，就給自己組建了一支私人軍隊，以免自己橫徵暴斂的行為招來他人報復。他出高價雇傭當地蒙古族和女真族的漢子，他們個個外表剽悍，人高馬大。他還從明軍中挑選了一些英勇出眾的士兵，同樣出高價讓他們替自己賣命。當時明朝的正規軍隊內部問題嚴重，有時候連軍餉都發不下來，所以士兵們為了生計，也願意改投高淮手下。

有了最好的兵卒，還得有最好的武器裝備，高淮給私兵的武器、盔甲，用的都是最好的材料，比正規軍隊還高一個檔次，所有的戰馬也都是當地最優良的馬。靠著這支私人武裝，高淮在遼東地區為非作歹，無法無天。

說起戰馬，高淮早就在遼東地區做起了馬匹生意。這裡本來就是明軍馬匹的主要來源地，幾乎每時每刻都有軍隊採辦來遼東買馬。高淮看准了這一點，開始壟斷市場上的良馬。

每當高淮相中一匹良馬，也不管主人開價多少，一律減到半價成交。誰敢反抗，就發動私人武裝明搶。而這些以半價買回來的良馬，都會以兩倍甚至十倍的價格賣給明軍。

軍隊肯定不同意，這簡直太欺負人了。然而，就算他們不買高價的良馬，願意多花時間尋找普通的馬匹，可是打聽之下才發現，就連普通的馬都已經掌握在高淮的手中。明軍的官員沒辦法，只能再次找到高淮。

高淮馬上變了嘴臉，既然軍方之前拒絕購買良馬，那麼他就以高價賣給其他人了。如今你們又想要回頭來買馬，對不起，我這裡只剩下最普通的馬，但價格已經漲到了十倍。明軍不僅買不到好馬，連普通的馬都要用極高的價格來買，這種買賣實在是做不下去了。遼東地區的駐軍都是久經戰場的血性之人，受了這種欺負，絕不會忍氣吞聲。他們私下託了些關係，趁著高淮忙碌的時候，搶先蹲守在馬市，截取了一批良馬。

高淮得知後大怒，他現在已經目中無人，居然帶著自己的私人武裝衝進軍營，搶回了那批良馬，全部轉賣給其他買家。

遼東總兵馬林立刻上書彈劾高淮。作為明軍在遼東地區的高級長官，馬林根本瞧不起高淮這個小太監，誰知此人居然敢大鬧軍營，而且就發生在自己的部隊中，讓他臉上無光。

高淮也沒閒著，立刻寫信給萬曆皇帝。在信中，他說馬林因為向自己索賄未果，所以誣陷自己。要知道，高淮已經給萬曆皇帝送去了金山銀山，深得皇帝信任，而馬林雖然是遼東軍區的指揮官，但畢竟離皇帝很遠。這種情況下，萬曆皇帝自然更相信高淮。最後，馬林被發配戍邊，他身邊的大小官員都受到了懲罰。

從此以後，再也沒人敢與高淮起正面衝突，軍隊也只能忍讓，避開高淮的勢力範圍。但是，普通老百姓就沒那麼幸運了，他們祖祖輩輩積攢下來的財產被高淮搶了個一乾二淨，而且搶一次還不行，高淮對他們是反覆壓榨。高淮嚴格執行「礦稅」法的幾年時間，整個遼東被摧殘得「商賈斷絕、城邑罷市、閭裡蕭條、人跡稀少」。

忍無可忍的遼東人民只能揭竿而起，接連爆發了十多次起義，終於趕走了高淮。此時，明朝在遼東地區的威望已經不復存在。

因為高淮是代表朝廷的欽差，遼東地區的老百姓一看，原來朝廷的欽差就是這副模樣，那皇帝得多荒唐。高淮這個太監，雖然鼓了自己的腰包，卻損害了明朝在百姓心中的聲譽。

因此，當努爾哈赤帶著女真族反叛明朝的時候，遼東地區的城池幾乎都是主動歸降。對於遼東地區的人民來說，他們希望脫離明朝的壓榨和迫害，而他們對明朝的失望與仇恨，大都源於高淮。

37

# 學霸查稅引發的大亂

明朝時，徽州府歙縣城西的新安衛出了一個「天才」，名叫帥嘉謨。他本人長得帥不帥不知道，但確實有真才實學。然而，他所引發的一場騷亂持續了近十年時間，從地方到中央朝廷鬧得雞飛狗跳，幾乎每個官員、每個部門都被捲入其中。這位天才也因此出了名。

所謂的天才，並不是指他能夠考上文狀元或武狀元。因為帥嘉謨寫文章不行，練武也不行，唯獨對數字感興趣，是個數學天才。

那時的普通老百姓連大字都不認識幾個，更別說學習數學。但帥嘉謨是一個學霸，不做數學題就手癢心癢。有時候他會在大街上來回踱步，只希望能找到練手的題庫。

結果，還真的讓他找到了。

歙縣架閣庫（檔案庫）裡放著歷年的稅收帳本，當時歙縣的經濟很發達，稅收帳本堆得像小山一般。其中記錄的數字浩如煙海，正符合帥嘉謨的需求，這下子他有事情做了。如果帳目核對得好，做出些成績，興許還能弄個小官來當。

帥嘉謨天天和本地的稅收帳目打交道，一段時間後，他發現了一件值得深入研究的事。帳本上有一個「人丁絲絹」稅的名目，記錄著收上來八千七百八十四匹絹，如果換算成銀子的話，就是六千多兩，這是一筆不小的數目。問題倒不在於數目不對，而是這種稅應該由徽州府下面的六個縣平均分攤，但是在稅收帳本上，只記有歙縣的數額，卻沒有其他五個縣——休寧、績溪、婺源、黟縣、祁門——的數額紀錄。也就是說，歙縣獨自承擔了這筆稅。

帥嘉謨又翻了翻之前的帳本，發現從明朝建立開始，兩百多年來，那五個縣都沒有繳過這筆稅。他覺得這件事情有些蹊蹺，兩百多年了，就沒有一個人發現這個問題嗎？他反覆查閱資料，發現還真的有人反映過這件事，而且是越級上訴。只不過，這個上訴的人突然去世了，事情也就不了了之。

帥嘉謨認為自己有責任繼續上報此事，於是決定效仿那個越級上訴的人，直接向應天巡撫告狀。此時的應天巡撫就是大名鼎鼎的海瑞。

海瑞是出了名的清官，他得知此事後，立刻把六個縣的官員都找了過來，準備查個水落石出。沒想到，官員還沒到齊，會議還沒開始，海瑞就先被調走了。

這下子，徽州府的大小官員都鬆了一口氣，也許這個會議順利召開後，這筆稅款就得由六個縣平均分攤，可是那五個縣的老百姓都已經兩百多年沒繳過這項稅了，突然間多出來一個稅種，換誰都不願意。徽州府的官員們可不想挑戰民意，要是激起民怨，就更不好辦了。

海瑞是調走了，但是帥嘉謨還在。這位數學學霸始終認為，稅收問題沒有得到解決，是因為證據不足，所以自己還需要更加努力地收集證據。

實際上，關於這筆稅的情況，徽州府的各級官員哪一個不比他清楚？錢糧絲絹從哪裡收上來的，收了多少？這是個關乎利益的問題，而不是關乎證據。這一點，沒有經受過官場政治洗禮的帥嘉謨始終沒有搞清楚。

他繼續翻閱稅收帳本，想知道問題出在哪裡。他發現，明朝初年，歙縣曾欠下夏麥九千七百石，要求交生絲補上。此後，這筆單獨的「夏稅生絲」稅被篡改成了每年的「人丁絲絹」稅，就這麼一年年持續地收下去了。

海瑞走後，新來的巡撫也不管帥嘉謨的事情。帥嘉謨就決定繼續上訴，而且要直接去南京上訴。南京的官員給了回覆：會嚴格調查此事，然後由六個縣平均分攤這項稅目。

帥嘉謨總算得到了一個比較滿意的答覆，他高高興興地準備回家，卻在路上遭到了暗殺。

幸虧帥嘉謨命大，逃過一劫。但他知道，自己已經被人盯上了，也不敢再回老家，只能先跑到外省避一避，等風平浪靜了再回來。

帥嘉謨不見蹤跡，也就沒有人繼續追究了，徽州府恢復了平靜。

四年之後，帥嘉謨突然現身，回到了歙縣，跟他一起回來的還有出自歙縣的精英團隊。他們都是出身歙縣的進士，有功名在身，有些還是朝廷高官。帥嘉謨花了不少力氣才組建了這麼優秀的團隊，現在是要錢有錢，要人有人，這次回來就是要重新調查稅收一事。

在來的路上，帥嘉謨還打通了應天府，派出兵備道來處理此事。兵備道是個半司法半軍事的機構，可以受理訴訟，關鍵是有武裝力量。帥嘉謨的意思很明顯，走法律途徑，兵備道有司法機關支援，萬一要打架，兵備道也能提供武力幫助。總之，他要調查到底。

徽州府的官員們都嚇壞了。這件事不是已經過去四年了嗎？怎麼突然間又鬧了起來？更重要的是，事情已經在徽州府的六個縣中傳開了。歙縣百姓以前不知道，現在明白過來，原來我們白白繳了那麼多年的冤枉錢。其他五個縣的百姓同樣意見很大，以前壓根就沒收過的稅，現在憑什麼逼我們繳？

百姓如此，官員們也沒閒著。幾個縣的官員天天打口水仗，有時候甚至還會動手。歙縣的官員認為自己治下的百姓白白繳了那麼多年的稅，應該由其他五個縣做出補償，否則太不公平了。而其餘五個縣的官員不可能接受天降幾千兩銀子的指標，這肯定是無法完成的。整個徽州府都亂成了一鍋粥，打的打、罵的罵，相互推諉，相互指責。

案件傳到了北京，朝廷要求徹查。徽州府不敢怠慢，只能先支持歙縣的要求。其他五個縣見自己不占優勢，於是提出了另外的解決辦法，那就是查黃冊。黃冊是關於稅收的原始紀錄，這是最具權威性的證據。

徽州府立刻派人查黃冊，人們在浩如煙海的檔中翻了幾個月，終於得出了重大結論：什麼也沒發現，根本就沒有記載原始資料。消息傳來，大家都炸了鍋，一時間徽州府內到處生亂。戶部實在是受不了，做出最後裁決：這筆稅由各縣均攤。

可是，歙縣經濟發達，整個徽州府的稅收，歙縣占了一半。如果平均分攤，明顯是不公平的。所以，徽州府官員把大家叫來商量，希望歙縣出一半，剩下的由五個縣分攤。這可以說是一個折中的方案，歙縣作為最大的縣，多出一點自然沒問題，而其他五個縣平均分攤剩下的錢，也算沒吃大虧。這件事就這麼告一段落了。

歙縣人民敲鑼打鼓，熱烈慶祝自己爭取來的勝利，帥嘉謨也被當成英雄，人們對他稱讚有加。其他五個縣的百姓可就不好受了，平白無故的多出一個稅收項目。其實，公平地說，這五個縣的百姓並沒有吃多大的虧，已經免去了兩百多年的稅款，現在要繳的稅還讓歙縣平攤了一半，已經占了大便宜了。但是，那些百姓並不這麼想，苛捐雜稅名目繁多，他們如何分辨這不是官員的刻意欺壓呢？在他們眼中，這筆錢就是不應該繳的。既然帥嘉謨鬧一鬧，官府就能夠減稅，那我們也能鬧。

在這個節骨眼上，婺源縣的知縣退休了，代理縣官正準備進京，辦好交接手續再赴任。如此一來，婺源縣出現了短暫的權力空缺期。當地的人們早就忍不住了，在一個善於演說煽動的讀書人的帶領下，成立議事院，把本地官員架空。從某種意義上說，婺源縣突然間就達成自治了。在當時，自治基本上就等同於造反。天下都是皇帝的，一個縣城憑什麼自治？

徽州府派去的官員還沒到婺源縣，半路上就被幾千個老百姓堵住。其他的幾個縣見婺源縣領頭鬧事，也不肯示弱。老百姓們拿著鋤頭、鐵鍬、鍋碗瓢盆衝出家門，地也不種了，老婆孩子也不管了，全都成了「起義軍」。

休寧縣鬧得最凶，老百姓直接占領官府，還偽造政府檔案，下發給江南其他地區。文件上說，歙縣要造反，人數足有數萬之眾。在那個通信不發達的年代，外面的人無法弄清楚這到底是怎麼回事，只知道徽州府陷入了癱瘓，各個縣的官府都不起作用了，並且休寧縣官方發出了警告，說歙縣要造反。江南其他地區的官員還在納悶，徽州府到底在幹什麼？怎麼手底下的縣要造反了都不管？另外，為什麼休寧縣要到處傳歙縣造反的事情，難道徽州府已經被占領，他們是在向外求援？

總之，這件事越傳越離奇古怪，什麼版本都有。

事情傳到了南京，南京方面哭笑不得，但還得嚴肅面對。一方面，南京派人向江南地區其他州府解釋事情經過；另一方面，開始嚴查徽州府民亂之事，並追究責任人，這其中也包括始作俑者帥嘉謨。

起初，徽州府想把五個縣平均分攤的三千多兩銀子，減少到兩千五百兩，可是五個縣的老百姓還是不肯接受。徽州府沒辦法，為了盡快解決這件事，只能自己先扛下這筆錢。然而，徽州府的收入根本就不足以彌補這個大缺口，既然問題出在稅收上，那也只能在稅收上尋找解決辦法。興許省一省，這筆錢就出來了。到這裡，事情終於得以解決，騷亂也趨於平息。

一個數學天才，竟然惹出了這麼大的禍。整個事件歷時十年，基本上江南地區的各州縣都被捲了進來，徽州府更是一度陷入了癱瘓，就連南京和北京兩個都城都不得安寧。

此外，大明首輔張居正也抓住了這個千載難逢的好機會。帥嘉謨第一次上訴的時候，這個案件就已經放在張居正的桌上。此前，張居正提出了「一條鞭法」改革方案，不過暫時沒找到合適的試驗地區。現在，徽州的亂局正好創造了一個推行改革的試驗地區。自此之後，張居正的「一條鞭法」改革才得以正式推行，這對明朝未來的命運產生了深遠影響。

如果當時帥嘉謨稍微粗心一點，沒有發現問題，或者睜一隻眼、閉一隻眼，就不會引發這些事情了。

偏偏他死心眼地追查此事，讓事件不斷升級，各股力量都集中於徽州六縣，進而使徽州變成了一個沒有硝煙的戰場。在這背後，盡是權力的鬥爭。而帥嘉謨最終的結局也頗令人唏噓，這個認死理、求真相的學霸被打了一百大板，戍邊充軍了。

# 38 番薯如何進入中國

現今很多常見的農作物，其實都不是中國本土植物，比如說番薯。

番薯起源於南美洲。哥倫布到達南美洲後，發現吃了這種植物的塊根之後不容易餓，而且味道還不錯，就把它帶回西班牙。從此，番薯就開始在西班牙落戶了。這種植物的生命力很強，給一點水就能活，而且產量也高，於是番薯開始作為主食走進了千家萬戶。

後來，西班牙的海軍勢力慢慢壯大，不斷擴張殖民地。他們占領菲律賓後，番薯這種農作物就跨越半個地球，來到了東南亞。當時的東南亞因為氣候環境的限制，一直處於糧食不足的狀態，番薯的到來徹底解決了這個問題。

那麼，番薯又是如何從菲律賓傳到中國的呢？這和老秀才陳振龍有關係。

在古代，糧食不足的問題是困擾所有執政者的難題。如果說軍隊缺人，可以從民間徵集；朝中沒有人才，可以透過科舉考試選拔；可是糧食不足，卻沒辦法快速得到補充。所以，不論是菲律賓，還是大明，糧食問題都是擺在面前的第一困境。

陳振龍本是福建人，因為科舉不順，就和其他福建人一樣打算到東南亞一帶去經商。他先是到了菲律賓，發現這裡的番薯作物產量非常高，如果這種農作物能夠生長在大明的土地上，肯定能夠減輕饑荒的困苦，讓更多百姓不至於餓死。

雖然陳振龍是個落榜的讀書人，但在異國他鄉還是心繫祖國的百姓，實在難能可貴。但是西班牙人的態度很堅決，他們對番薯的價值心知肚明，所以絕不允許他人將番薯帶出菲律賓。

西班牙人知道，一旦大明得到了這種產量超高的農作物，那麼就會有足夠的食物來養活人民、充當軍餉。那個時候，西班牙無疑就會多一個強勁的敵人。這種幫助敵人的事情，他們是不會做的。

陳振龍不信這個邪，鐵了心要把番薯帶回大明。他把番薯藤混在繩子裡，綁在一起，騙過了海關，然後以最快的速度坐船回到福州。他先自己嘗試著種植番薯，測試這些在東南亞生長的作物能否適應福建的環境。如果番薯能夠在自己的家中生根發芽，那就表示當地的氣候和土壤適合番薯生長。實際上，番薯的適應性很強，很少受到環境的影響。不出所料，陳振龍種植成功，而且產量不低。他立刻上報此事，開始積極推廣，不久，番薯種滿了整個福建省。

陳振龍之所以放棄了科舉考試這條路，就是因為他所處時代的人口數量進入了爆炸式增長的階段，全國的人口實在是太多了，參加科舉考試的人也非常多，人多而機會少，就算他寒窗苦讀十多年，也不一定能有所成就。與其一事無成，還不如早點放棄科舉，轉向經商的新道路。

明末時期，人口已經超過了一億，光靠過去的小麥和水稻產量，已經無法滿足一億人口的糧食需求。那時，如果風調雨順，老百姓還能順利繳上賦稅，但不能保證吃飽肚子。要是遇上災年，別說繳稅困難，還會出現大範圍的饑荒，百姓吃樹皮、吃觀音土（一種白色黏土）的事情時有發生。

番薯這種高產量農作物的引入，救了很多人。正常情況下，番薯的畝產可達每年六千多斤（約三千六百多公斤），而且非常容易烹飪，煮著吃、烤著吃，甚至生吃都可以。相比於小麥和水稻，番薯更便於攜帶。在今後的幾百年中，番薯成了拯救難民的口糧。這種從南美洲輾轉多次，被「偷運」進中國的超級農作物，如同一份天賜的禮物，給那段水深火熱的末世歷史帶來了一絲轉機。

後來，一個叫作陳益的廣東人也從越南帶出一些番薯，回到廣東。從此，番薯也開始在廣東大面積種植。

如果番薯能夠早一點進入中國，可能歷史就會被改寫。引進番薯後，福建省的人口增長了數倍，足見番薯的影響力。就連鄭成功收復臺灣的時候，儲備的糧食也全部都是番薯，其他的一概不要。百姓吃飽了飯，才有精力去思考其他的事情，讓更多的人才參與到國家決策中，確保社會的正常運轉。

但是很遺憾，番薯來晚了。

在福建和廣東剛剛大面積種植番薯時，明朝已然走向了沒落，國內戰爭四起，以至於番薯無法走出福建和廣東兩省，推廣到其他地方。

在這個時期引入中國的作物，除了番薯之外，還有玉米。玉米同樣原產於南美洲，由殖民者帶向世界各地。玉米的產量也很高，便於攜帶，和番薯一樣是那個年代性價比高的農作物。

陳振龍的一個小小舉動，救活了幾百萬人。但無論是當時的官府還是史書記載，都不重視他。這是因為，就在陳振龍引進番薯的前一年，日本的豐臣秀吉開始進攻朝鮮，企圖占領朝鮮之後再進攻大明。明軍將領李如松率軍支援朝鮮，並且擊退了豐臣秀吉，使其受到重創，短時間內無法捲土重來。這件事吸引了朝廷的注意力，他們不知道的是，此時有一位福建人正帶著番薯藤，心驚膽戰地通過了菲律賓的海關。他緊緊保護著番薯藤，生怕它受到一丁點的傷害。因為他知道，一旦番薯在中華大地上種植成功，就能解決幾百萬人，甚至全國人民的溫飽問題。

對於陳振龍來說，他只想幫助更多的人解決吃飯問題，並不是為了留名千古。但幸運的是，史書為他保留了一席之地，讓他能夠被後人所瞭解、銘記。

# 39

# 導致大明議和失敗的書僮

明朝末年，西元一六四二年前後，大明王朝面臨內憂外患，內部有李自成起兵造反，攻占了多個城池，勢如破竹。外部有大清皇太極的大軍兵臨城下，一路高歌猛進，殺了明軍十幾萬人，把明軍打得是聞風喪膽。

在這種情況下，明朝能做的只有先與皇太極議和，穩定了外部環境之後，才能全力對付李自成，平定內亂。

當時的皇太極也沒打算盡快占領中原，以清軍的實力，在遼東一帶打敗明軍並不是難事，但想要拿下中原和江南，就有點難度了。皇太極的八旗軍擅長打平地戰，在攻城戰方面不如明軍，因此，他也願意接受明朝的議和提議。

有了這個前提，大明就開始準備議和的事務。皇太極提出的條件是，明朝每年給付一些歲幣，自己則拿一點東北土特產作為回贈，雙方以國家之間的平等關係來往，這就夠了。這不算獅子大開口，甚至還有點同情大明的意思。雖然大明實力大減，但對於這點條件還是可以滿足的。

雖然崇禎帝也希望議和，但是大明皇帝的祖訓讓他猶豫不決。大明向來講究天子守國門，君王死社稷。現在自己要與大清議和，對得起列祖列宗嗎？

兵部尚書陳新甲看出了崇禎帝的心思，主動對崇禎帝進言，他自願代表朝廷，祕密安排議和之事。

崇禎帝自然同意，如果事情辦成了，就能夠暫時保住大明的江山，如果事情辦砸了，那也不是自己的責任。他還特意交代陳新甲保守祕密：「這件事只能有你我兩人知道。」

陳新甲派出了兵部郎中馬紹愉前往大清，大清也是畢恭畢敬，並沒有拿出勝利者趾高氣揚的姿態，他們用最高規格接待了馬紹愉，馬紹愉走的時候，大清也隆重歡送。重點是，大清提出的條件真的不算苛刻。

一、崇禎帝作為合法的皇帝，必須承認大清也是一個合法的政權，大明和大清是同等地位的，兩國可以相互交往；二、大明每年要給大清萬兩黃金、百萬兩白銀，同時大清回贈大明千斤人參、千張貂皮等；三、雙方的邊界必須約定清楚。以寧遠雙樹堡中間土嶺為大明國界，以塔山為大清國界，中間為緩衝區，兩國人民可以相互貿易；四、相互歸還戰爭中的俘虜。往後遇到什麼大事，兩個國家之間還要進行相互道賀、弔喪等禮儀往來。

從條約當中，我們隱約能夠看出，大清的目的並不是剝削大明，而是為了讓大清的地位得到承認。也就是說，從此以後大明必須以對待國家的禮儀對待大清政權。但是每年萬兩黃金和百萬兩白銀的歲幣又提醒著大明，自己處於敗方的位置。

現在的大明，金銀財寶拿出多少都行，唯獨拿不出軍隊和信心。

馬紹愉緊急派人快馬加鞭把和談情況傳回北京。陳新甲看了看條件，臉上露出了久違的笑容，這對大明來說絕對是一個天大的好消息。

陳新甲一激動就想去廁所，他打算等一會兒就把這份文件祕密送進宮中，呈給皇帝。結果，歷史就在這幾分鐘之內被徹底改寫了。

明朝時，政府的公文分為兩種：第一種是邸報，大致就是大臣們的奏章和皇帝的批文；第二種是塘報，主要是一些關於軍事的消息，塘報會發放到各省的駐京辦事處，向各級政府傳達消息。

陳新甲有個書僮，平時會幫助他整理文件。就在陳新甲上廁所的這幾分鐘內，這個小書僮看書桌上有一份文件，以為和往常一樣是普通的塘報，他也沒有多想，直接拿走並送到驛站，發放給各省的駐京辦。

這份文件的內容不僅僅是大清提出的議和條件，還有一些雙方討價還價的細節。如果讓朝臣看到，必然會為本朝大臣對異族卑躬屈膝的姿態而感到恥辱。

陳新甲上完廁所出來，神清氣爽，準備拿著文件去宮裡，誰知道一看書桌，文件沒了。他一拍大腿，心裡暗罵一聲：「不好。」大明朝廷從上到下，恐怕只有皇帝同意議和，絕大多數文臣武將都希望和皇太極繼續打下去。但也只有崇禎帝知道，繼續開戰的結果就是加速葬送大明的江山。

這樣一份議和文件，一旦傳到了各省的駐京辦，然後再傳到各位大臣的手中，還不一下炸開了鍋？誰能想到，他們在前線拚死拚活地抵抗皇太極，皇帝竟然在背後祕密議和。

眾大臣義憤填膺，要求立即叫停議和，並追究提出議和主張的人。皇帝是一國之君，大臣自然不敢要求懲罰皇帝，只能退而求其次：「懲罰主張議和的官員。」

崇禎帝以為不會有人知道祕密議和的事情，沒想到滿朝文武突然都知道了。他怒火中燒，自己曾經多次告誡陳新甲不要外傳，怎麼搞得滿城風雨了？「這口黑鍋我是不會替你陳新甲揹的，既然是你惹出來的禍，你就得付出代價。」陳新甲還想辯解，他連續上書，澄清自己所有的安排都經過皇帝的授意……崇禎帝根本不想聽這些，直接下令處死了陳新甲。

議和從此擱置。應該說，這是崇禎帝親自拒絕了最後一個延續大明的機會，他選擇讓陳新甲做自己的代罪羔羊，心裡想的還是推卸責任，而非將議和擺上檯面。崇禎帝本來應該平衡各派意見，讓大臣們協調合作，最終將正確的計畫付諸行動。然而，他只想著逃避，又不想得罪大臣們，所以出了事就殺人頂包。這樣的皇帝，還會有誰願意替他賣命？

崇禎帝在位十七年，總共換了五十個內閣大學士、十四個兵部尚書，殺掉了十一個巡撫。大學士就相當於明朝的智囊團，多次更換智囊團，表示朝令夕改，拿不出像樣的政策。而兵部尚書則相當於軍事上的最高指揮官，連這種高級官員都遭到多次更換，地方官員的更替只會越發頻繁，可見當時政局之混亂。

兩年後，崇禎帝在煤山上吊自殺，他試圖討好的大臣們則排著隊歡迎李自成去了。天子守國門，沒能守住；君王死社稷，倒是的確一命嗚呼了。

話說回來，給陳新甲打工的那個書僮實在是太勤勞了，只要他懶惰一點兒，也不至於闖出這麼大的禍。可能這一切都是上天注定的吧。

40

# 清宮祕聞的源頭

古時候，社會規則講究孝道，清朝的皇帝都按照「以孝治天下」的理念執政。所以說，皇帝違背長輩的話是不行的，尤其是父親、祖父、曾祖父等，那都是歷任的先帝。

然而，有一個名叫曾靜的人，居然讓乾隆皇帝不惜違背父親雍正的遺詔，冒天下之大不韙，無論如何也要將他處死。這個曾靜到底做了什麼，竟令乾隆如此痛恨？

曾靜出身草根家庭，要錢沒錢，要權沒權。但他喜歡讀書，學習很好，從小就受到親戚們的一致誇獎。在那個年代，家族中能出一個會讀書的孩子可是一件大事。所有人都認為，曾靜將來能夠考上進士，當上大官。久而久之，曾靜開始飄飄然，好像高中在望，官服和烏紗帽就在眼前，觸手可及。

然而，曾靜考上秀才十幾年後，已經四十歲的他仍然名落孫山。四十歲，已經到了不惑之年，當時的平均壽命也才五十歲左右，土都埋到小腿了，還是一事無成，這樣下去不行。曾靜是個讀書人，轉行當農民是不可能的；當商人，讀書人本就瞧不上經商一行，士農工商，商人排在最後，再說，他也沒有做生意的本錢。

慢慢地，曾靜心中的怨憤轉化成了一種極端的想法——不如造反，反清復明——這個妄想逐漸在曾靜心中生根發芽。他找來了反清復明鬥士呂留良的遺作，準備拜讀一番。呂留良打心底裡不認同清朝，他認為，清朝的政權不是正統政權，必定會被民眾推翻。

曾靜越讀越欽佩，甚至認為呂留良這樣的人才應該做中國的皇帝。與之類似的想法其實在歷史上不少見，許多讀書人都認為應該選擇道德模範或文采出眾的文化人作為統治者，實際上就是認為應該由他們自己執政。但其實他們並沒有認清事實，如果他們推翻了現在的政權，可能他們的所作所為還比不上前一個皇帝。這些書呆子總把每件事都想得極其簡單，要是真的讓他坐在龍椅上平衡各股勢力，還真的做不了。

曾靜顯然沒有意識到自己的問題，他認為自己的反清思想已經成熟，接下來就該付諸行動了。於是，他到處打聽宮裡的負面消息，想要尋找清政府的醜聞。

沒過多久，雍正帝軟禁了自己的八弟胤禩，然後把他和同黨都流放到廣西。這群人從京城被押送到廣西，一路上沒少散布關於皇帝的壞話，核心也就一句話：雍正帝是陰謀奪權，得位不正。

曾靜聽到了這個消息後，立刻派弟子張熙給川陝總督岳鐘琪送信，信中列舉了雍正帝的罪狀：謀父、逼母、弒兄、屠弟、貪財、好殺、酗酒、淫色、誅忠、好諛任佞等。這個岳鐘琪是誰？他是岳飛的後人。曾靜的意思是，當年岳飛就是抗金名將，保衛的是漢人江山，你作為他的後人，怎麼能給異族政權效力呢？而且現在皇帝無道，你應該出來反對他，推翻這個不得人心的朝廷，給天下人做一個表率。

雖然岳鐘琪是岳飛的後代，但他也是清朝的官員，對皇帝非常忠心，他立即舉報了曾靜。

曾靜的行為算得上謀反，儘管曾靜只有一個人，充其量再加上他的弟子張熙，一沒有武裝，二沒有組織，看上去毫無危害性。但是他寫信煽動軍事官員造反，本質上與謀反大罪毫無區別，是板上釘釘的死罪。

清朝對「反清復明」是異常敏感的，現在出現了案例，自然不敢疏忽。朝廷馬上派人馬不停蹄地來到了曾靜居住的地方，把他們倆抓回京城，嚴刑拷打。曾靜很快就全部招認，從自己落榜，到讀了呂留良的書，再到鼓動岳飛後代造反，一股腦兒都交代清楚。

雍正帝看了案卷，認為這件事情的源頭並不在曾靜，而在呂留良的書。只要呂留良的書還在民間流傳，那麼以後可能還會出現第二個、第三個、第四個曾靜，無休無止。只有消除了這些教人反叛的書籍，才能消滅罪惡的源頭。

於是，一場嚴酷的文字獄降臨到江南大地。呂留良的後人被全部殺光，也許呂留良的在天之靈會感到冤枉，自己連曾靜的面都沒見過，卻稀里糊塗地因為這個禍害慘遭滅門。

令人意外的是，曾靜被無罪釋放了。重獲自由以後，他卻惶惶不可終日，生怕再被官府追查。他沒有去給呂留良的後人上香告罪，而是寫了一篇文章〈歸仁錄〉，把雍正皇帝捧到了天上。文章裡說：「雍正帝英明神武，自己這個不知天高地厚的讀書人犯了大錯，讀書把腦子讀壞了。現在大清朝這麼好，我居然反對大清，實在是罪該萬死。」

雍正帝看了這篇文章，還逐一做了批覆。他說：「滿漢是一家人，清朝政權是正統的。傳謠者所說的謀父、逼母、弒兄之類的罪名都是假的。你來過皇宮嗎？你在皇宮裡生活過嗎？你沒在皇宮裡生活過，怎麼能知道事實的真相呢？就算我們滿族皇帝之中有品行不端、處事不夠好的皇帝，但你敢說漢族皇帝就都是明君嗎？」

雍正帝還把這些答疑編成了一本書，叫作《大義覺迷錄》。經過這一問一答，事情就算過去了。不僅如此，可能因為曾靜寫的那篇誇讚文章實在是太好了，雍正帝一高興，還給了曾靜一個新職務，讓他去南方地區宣傳清政府及皇帝的好處。

這份工作真的是為曾靜量身訂作，目的就是讓南方士族看看：曾靜，曾經一個反清復明的叛徒，皇帝不僅沒有殺他，還讓他四處巡講，這不正表現了皇帝的寬仁嗎？謠言必然不攻自破。

為了讓曾靜放心，同時也為了收買人心，雍正帝還表示，自己絕對不會殺了曾靜，也不會傷害曾靜的家人，以後的清朝皇帝都要遵守他的旨意。至此，曾靜心裡那個沉甸甸的石頭，算是放下了。

雍正去世之後，乾隆帝繼位。乾隆剛上位，就認為父親雍正很多事情都辦得不對，就比如《大義覺迷錄》，裡面把謠言也原封不動地記錄下來。記載大臣和皇帝之間的答疑尚可理解，可是類似霸占嫂子為妃這樣的香豔故事也寫了下來，還大量刊印，到處傳播，這不是增強了傳謠力度嗎？

整本《大義覺迷錄》，正經的內容沒占多少，爭權奪位、後宮醜事倒是不缺。即便都是假的，也禁不住天下人的議論，眾口鑠金，傳得多了，謠言也變成真的了。

乾隆翻看《大義覺迷錄》後，氣得直拍腦門。雍正帝本來是想用這本書來宣揚政權的合法性與合理性，結果卻成了天下人的笑柄。乾隆傷透了腦筋，只恨當初父親雍正為什麼不直接殺掉曾靜，斬草除根，免得讓事情發展到不可收拾的地步。為了維護皇家的尊嚴，乾隆不惜違反父親的命令，下旨處死了曾靜。

因為曾靜一人，引發了江南地區的文字獄，導致數以萬計的人丟掉了性命。最終，曾靜也為這段莫名其妙的謀反事件，付出了失去生命的代價。

41

# 山寨《聖經》的作者

太平天國運動的爆發，在很大程度上動搖了清朝的統治根基。經過太平天國的洗禮，百姓的心中產生了反抗的想法，清王朝的統治開始逐漸瓦解。從歷史的角度來看，太平天國運動爆發於社會的危機中，但在其爆發之前肯定存在一段積蓄壓力的時期，這就涉及太平天國創始人的早期經歷，其中就有不少平凡人的故事。

乾隆五十八年（一七九三年），英國使團到來，在熱河行宮謁見了乾隆皇帝。當時的使團團長是馬戛爾尼（George Macartney），初來乍到，英國人也不懂中國規矩，他們就按照老家那一套，單膝跪地向乾隆皇帝行禮。乾隆很不高興，在他看來，普天之下，誰見了他都得三叩九拜。你們不過是番邦小國的使者，見了天朝上國的皇帝，竟然不肯叩頭，真是大不敬。

沒多久，乾隆皇帝把皇位禪讓給兒子嘉慶，自己當了太上皇。新皇登基，英國又派出一個使團道賀，這次的團長是英國伯爵，名叫阿美士德（William Pitt Amherst）。

使團下船之後，到達的第一站是廣州。當時的兩廣總督接待了他們，有鑑於阿美士德的前任官員在乾隆皇帝面前失禮，這次送使團進京之前，接待使團的官員打算先給他們培訓一番，但遭到了阿美士德的拒絕。

即便如此，兩廣總督照樣有對策。既然你不願意給我們的皇帝下跪，那我就拖延行程，不讓你進京。兩邊就這樣相互拉扯，耗著對方。

最終，強龍不壓地頭蛇，阿美士德沒能耗過本地人，也沒能見到乾隆皇帝。不過，這位伯爵大人是個倔強的人，他離開的時候，留下了自己的祕書，讓他繼續等待覲見的機會。

祕書馬禮遜（Robert Morrison）替老闆留在中國，他一邊等待機會，一邊模仿中國人的生活習慣，每天穿著長袍和厚底靴，甚至蓄起了頭髮和鬍鬚，學中國人用筷子吃飯，努力把自己的一言一行變得像個真正的中國人。因為會說中文，他不遺餘力地在兩廣地區向中國人傳教，還收了幾個徒弟。

理雅各（James Legge）是他的英國徒弟，在中國待了很多年，是個道地的中國通。當時的英國，乃至整個西方世界，對中國文化經典的瞭解都來源於理雅各翻譯的「四書五經」。可以說，理雅各靠一己之力，促進了中西文化的交流。

馬禮遜的另外兩個徒弟是土生土長的中國人，其中一個名叫梁發，雖然他是個不起眼的小人物，卻對太平天國運動的興起具有重要作用。

梁發原名梁阿發，出身於窮苦人家。小的時候念過幾年書，後來家裡沒錢供他繼續讀書了，他就出來做小生意，靠賣毛筆為生。後來，他又輾轉來到廣州，做刻版的營生。以前的印刷業需要使用刻字範本，梁發就是替人雕刻字版的。也正是在刻版的過程中，他接觸到了基督教。

一八一五年，梁發接到了一筆生意。一位信奉蘇格蘭新教的米憐（William Milne）傳教士雇用梁發刻一些宗教小冊子和《聖經》的部分段落。在雕刻範本的過程中，梁發相當於讀了一遍《聖經》，逐漸產生興趣，又在米憐傳教士的感召下，放棄了原有的佛教信仰，在一個星期天接受了米憐的洗禮，從此皈依基督教。

在之後的基督教徒生涯中，梁發對教義的理解逐漸加深，自己寫了一本叫作《救世錄撮要略解》的著作。儘管這本書不厚，只有三十七張紙，但也是梁發精心研究的成果。他順勢發揮了自己的職業專長，將這本書印了兩百本，興沖沖地到處售賣，然而無人問津。

無奈之下，梁發只好把小冊子拿到郊外，免費發放給村民。結果，因為出版書籍沒有經過官方允許，梁發被判處鞭刑，他的刻版被付之一炬，房子也被沒收了。

經過這次劫難，梁發絲毫沒有怪罪基督教，反而變得更加堅信。他親自為妻子做了基督教洗禮，還讓馬禮遜為自己的兒子洗禮，全家都成了基督教徒。

幾年之後，米憐去世了。倫敦布道會正式給梁發授權，讓他成為中國地區的傳教士。梁發獲得了官方認可，更加積極地投身於傳教事業。他想把自己對基督教的理解和感悟寫成一本書，用中國本土的語言和道理來闡述基督教義。經過他的不懈努力，中文改良版的《聖經》——《勸世良言》終於問世。這本書是梁發根據自己多年傳教事業的經驗編寫而成的，並不是對《聖經》的直譯。書中將基督教用語都做了本地語言的翻譯或改編，比如說耶和華被翻譯為「爺火華」。

《勸世良言》相當於《聖經》的山寨版本，只是語言更加通俗，內容更加淺顯。要是正經的基督教徒看了，肯定會氣得吹鬍子瞪眼。

為了加大新書的宣傳力度，梁發不僅跑遍了附近各縣，找主持考試的學政幫忙，還運用了更加方便的石版印刷術，增加印量。他甚至守在廣州的貢院附近，把書免費發放給前來參加考試的考生。

一八三七年，有個叫洪火秀的年輕人也來廣州參加科舉考試，他順手接過了免費發放的小冊子。因為當時的洪火秀一心想著考試，就沒有在意這本白送的小冊子，只是讓它在書簍裡靜靜地待著。

等到科舉考試的成績放榜，洪火秀發現自己沒有考上，這已經是他第三次落榜了，不由得失落悲憤，渾身無力，最後不得不雇了兩個人將他抬回家。回去以後，失望至極的洪火秀大病一場，像得了精神病一樣胡言亂語，等他清醒之後，又說夢見一個黃袍童子對自己講了很多話，可是具體內容卻想不起來。家裡人一度以為洪火秀瘋了。

後來，洪火秀一邊在隔壁村教書，一邊繼續備考，希望下次科舉能高中。

一八四三年，洪火秀迎來了人生中的第四次科舉考試，結果還是沒中。心灰意冷的他在家中無所事事，意外地翻出了當年那本小冊子《勸世良言》。

世間的事就是這麼巧，《勸世良言》的開篇就寫著，科舉毫無意義，不值得浪費時間。然後又列舉了耶穌十二歲就顯露慧根，三十歲開始傳教布道，開啟人生新篇章，從此走向輝煌。更加巧合的是，四次落榜的洪火秀正當而立之年，耶穌的經歷極大地安慰了這個失意之人。

這本小冊子簡直就是為洪火秀量身訂作的一樣，他突然回憶起當年生病時，黃袍童子在夢中對他說的話。從此以後，他彷彿找到了新的人生道路，先是為避諱書中的聖人「爺火華」的名號，把自己名字中的「火」字換成了多次出現在書中的「全」字。於是，洪火秀就此變成了太平天國的創始人「洪秀全」。

新的名字預示著新的人生。洪秀全果斷放棄了自己前三十年為之努力的科舉目標。他帶著這本小冊子，以上帝的次子、耶穌的弟弟這個新身分，重新出現在人們的視野中。他創立了「拜上帝教」，聚集大量信眾，從此舉起了反抗清政府的大旗。

每一件驚天動地的歷史大事都不是一蹴而就的，背後隱藏著無數平凡的小人物和他們的故事。誰又能想到撼動清政府根基的太平天國運動，竟然和英國使團拒絕對中國皇帝下跪有著奇妙的關聯。

從乾隆皇帝到馬禮遜，從梁發到洪秀全，直至太平天國運動的全面爆發，這中間環環相扣、層層遞進，彷彿多米諾骨牌依次倒下，最終彙聚成宏大的歷史圖景。

# 平凡人創造的非凡歷史：小人物改變歷史的故事

作　　者——汪志明
封面設計——江孟達
內文設計——劉好音
執行編輯——洪禎璐
責任編輯——劉文駿
行銷業務——王綬晨、邱紹溢、劉文雅
行銷企劃——黃羿潔
副總編輯——張海靜
總 編 輯——王思迅
發 行 人——蘇拾平
出　　版——如果出版
發　　行——大雁出版基地
地　　址——231030 新北市新店區北新路三段 207-3 號 5 樓
電　　話——（02）8913-1005
傳　　真——（02）8913-1056
讀者傳真服務—（02）8913-1056
讀者服務 E-mail— andbooks@andbooks.com.tw
劃撥帳號 19983379
戶　　名 大雁文化事業股份有限公司
出版日期 2025 年 5 月 初版
定　　價 420 元
ISBN 978-626-7498-88-0


作品名稱：《平凡人創造的非凡歷史》
作者：汪志明

本書由廈門外圖凌零圖書策劃有限公司代理，經杭州藍獅子文化創意股份有限公司授權，同意由如果出版出版中文繁體字版本。非經書面同意，不得以任何形式任意改編、轉載。

國家圖書館出版品預行編目資料

平凡人創造的非凡歷史：小人物改變歷史的故事／汪志明著 . – 初版 . – 新北市 : 如果出版：大雁出版基地發行 , 2025. 05
面；公分
ISBN 978-626-7498-88-0（平裝）

1. 傳記　2. 通俗作品　3. 中國

782.1　　114004093

圖書許可發行核准字號：文化部部版臺陸字第 114058 號
出版說明：本書係由簡體版圖書《平凡人創造的非凡歷史》以正體字在臺灣重製發行，
期能藉引進華文好書以饗臺灣讀者。

如果